幼儿园教师治班之道

李麦浪◎著

中国轻工业出版社

图书在版编目（CIP）数据

幼儿园教师治班之道/李麦浪著. —北京：中国轻工业出版社，2012.7（2023.8重印）
ISBN 978-7-5019-8832-7

Ⅰ.①幼… Ⅱ.①李… Ⅲ.①幼儿园-班级-管理 Ⅳ.①G617

中国版本图书馆CIP数据核字（2012）第116748号

责任编辑：吴　红
策划编辑：高　君　　　　责任终审：杜文勇
责任校对：刘志颖　　　　责任监印：吴维斌

出版发行：中国轻工业出版社（北京东长安街6号，邮编：100740）
印　　刷：三河市鑫金马印装有限公司
经　　销：各地新华书店
版　　次：2023年8月第1版第9次印刷
开　　本：710×1000　1/16　印张：15.5
字　　数：140千字
印　　数：20001—22000
书　　号：ISBN 978-7-5019-8832-7　　定价：32.00元

读者热线：010-65181109，65262933
发行电话：010-85119832　传真：010-85113293
网　　址：http://www.chlip.com.cn　http://www.wqedu.com
电子信箱：1012305542@qq.com

如发现图书残缺请拨打读者热线联系调换
120361Y1X101ZBW

前　言

当你看到"治"这个字的时候,你会想到什么?也许你会想起治国——治理国家政务,使国家强盛安定;治家——治理家庭事务,建立和保持一个健康的家庭环境;治学——钻研学问,达到不同的学术境界。

当你看到"治班"这两个字的时候,你又会想到什么?你一定会想到管理班级吧。与治国、治家、治学一样,在幼儿园教育教学工作中,"治班"就是管理班级的方方面面,使之能更适合幼儿的生活与学习。"治班之道"牵涉管理一个班级的目标、方向、原则、方法与策略等。

"治班之道",幼儿教师应该从"心"开始,善用真情去感染幼儿、感染家长、感染同事;在"理"中找据,深入浅出地讲明道理,解决班级管理中的各种问题;由"行"入手,注重在行动中去建立班级规范,坚持一贯的适度要求;以"意"为基,建立基本的班级规则,培养幼儿基本的规则意识;以"谋"为度,注意幼儿的年龄特点,建立起适合幼儿可持续发展的、阶梯式的规则学习过程;以"和"为贵,师幼共同制定规则并一起遵守,家园形成合力,同事工作默契。此外,幼儿教师还要懂得用"场"之策,即不同的场景应有不同的常规,以便大家共同遵守;用"语"之妙,即在不同角色的扮演中运用语言灵活地引导幼儿遵守规则;用"物"之巧,即在不同的场合中,以不同的材料作为班级管理的不同导向,达到"润物无声"的效果。

但幼儿教师往往会陷入忙碌的班级事务中,纠结在复杂的人际关系中,沉浸在实际的教学中,而没有一点空暇去理顺自己的思想,也没有时间去思考自己在班级管理中的行动，没有机会总结自己治班工作的经验，没有细细地分享过同行的成果……那么，现在起请你从一个幼儿园班级管理者的角度，围绕着幼儿教师治班的理性思考与实践行动，跟随大量的实例分享和理论分析，去了解和理解幼儿教师的"治班之道"。希望在一个又一个具有强烈的"场景感"的案例中，在一个又一个操作性强的参考中，引发你对幼儿园班级管理工作的反思，产生思想上的共鸣，引出行为上的改善，达到有效治班的的效果。

本书分为上编和下编，共10章。上编围绕着幼儿教师治班的角色定位、理念确立、情感因素、基本原则和理想状态等五个方面引发幼儿教师对治班的理性思考。

上编内容旨在引导幼儿教师定位自己的角色，即让幼儿教师对作为班级管理者的自己以及应具备的决定班级各项工作并有完成工作的能力产生认同感；指导幼儿教师明确生活管理、教学管理、家园管理等班级管理工作中的任务与职责。在"动之以情——用真心感染身边的人"、"晓之以理——深入浅出，讲明道理"以及"持之以恒——坚持一贯，适度要求"三个方面的观点阐述中，帮助幼儿教师确立治班行动的理念，把握好治班的行动方向，构思治班的行动指南。在分析幼儿教师治班行动的情感因素以及各种情感表现的基础上，指出怎样的情感适合治班，引导幼儿教师依据不同情景，适度地呈现自己不同的情感。通过分析幼儿教师治班行动的思想依据，提出了以正治班、以柔治班、刚柔并举、站稳立场等基本准则。此外，还列举了幼儿教师在管理班级的过程中可能会遇到的各种困难，同时提出班级管理的效能和理想状态等问题。

下编围绕着幼儿教师治班的实践行动提出了多种策略，并围绕着这些策略指出了各种具体的方法。

制订班级的工作计划是治班过程中最基本的行动。幼儿教师应注意在制订计划的过程中，如何进行基线调查以了解幼儿及其家庭的状况，怎样对调查所得到的各种情况进行归纳分析，怎样找出治班时可能遇到的问

题,从而抓住主要问题和解决方向找出解决方法,然后经过班级工作人员的共同讨论把计划制订出来。

幼儿的常规管理是幼儿教师在治班过程中最需要采取的行动。幼儿教师应考虑怎样依据幼儿的不同年龄建立不同要求的规则,如何在不断的重复中帮助幼儿强化和巩固规则,如何从最简单的规则开始,由浅入深、小步递进、层次分明地帮助幼儿在建立常规的过程中得到阶梯式的可持续发展,以及如何在师幼互动中共同制订规则并遵守规则。

环境的力量是巨大的,让"环境说话"最能体现幼儿教师治班的技巧。巧用空间,即幼儿教师应学会给自己的班级规划各种活动区域,与幼儿讨论各区域的功能与作用,和幼儿一起制定不同区域的常规。巧用材料,即幼儿教师应学会动员家长和幼儿一起收集各种材料,并运用不同的材料来体现不同的规则,发挥各种材料在班级规则中的作用。巧用角色,即幼儿教师应学会发挥直接性的指导与提示的教师角色作用;利用游戏角色来间接性地指导幼儿、帮助幼儿;运用朋友的角色,给幼儿平行性的指导与提醒。

家园共育是治班行动的综合力量,合力运用得好能达到事半功倍的治班效果。这一部分内容包括幼儿教师如何通过多种渠道,使家园联系更多样化、更及时;如何在调查研究的基础上对不同类型的家长进行分类的指导,以及如何有针对性地开展各种不同主题的家园活动等。

幼儿园的班级管理并不是教师的个人行为,因此如何与同事相处在治班的行动中也是至关重要的。这一部分内容包括同一个班级里的教师如何在平等协作的基础上,诚意地进行沟通,彼此尊重,易位而思;如何在肯定对方工作的同时,讨论协商,共同承担责任,以及如何保持热情中肯的态度理解对方等。

提升经验的过程也是幼儿教师治班能力提高的过程。经常对自己的工作进行反思,主动地学习他人的先进经验和有效的方法,并把自己所思所想写出来,是幼儿教师提升自己经验的最好方法。

让我们一起来做明智而负责的幼儿园班级管理者，在善待自己的职业、善用自己的权利、善管自己的工作中，实现班级的善治。

李麦浪

2012 年 2 月

目 录

上编 幼儿教师治班的理性思考

第一章 幼儿教师治班的角色定位 ……………………………………… 3

一、定位自己——了解角色的意义与目标 ……………………………… 3
    （一）角色认同——幼儿园班级的管理者 …………………………… 4
    （二）决定方向——明确自己工作的追求 …………………………… 6
    （三）主动执行——完成工作的行动能力 …………………………… 10

二、明确职责——了解班级管理的工作任务 …………………………… 14
    （一）生活管理——周全细致的生活照顾 …………………………… 14
    （二）教学管理——适合幼儿年龄的教育 …………………………… 20
    （三）家园管理——凝聚合力的家园共育 …………………………… 24

第二章 幼儿教师治班的理念确立 ……………………………………… 27

一、动之以情——用真心感染身边的人 ………………………………… 30
    （一）拥有爱心——关爱身边的每一个人 …………………………… 30
    （二）拥有耐心——给予大家最大的宽容 …………………………… 34
    （三）拥有细心——关注身边人员的反应 …………………………… 36

二、晓之以理——深入浅出，讲明道理 ………………………………… 40
    （一）拥有头脑——保持清醒的头脑 ………………………………… 40
    （二）拥有理智——注意理性的思考 ………………………………… 43

（三）拥有修养——不断地自我修炼 46

三、持之以恒——坚持一贯，适度要求 50
　　（一）拥有坚持——要求要有一致性 50
　　（二）拥有尺度——要求要适合幼儿 52
　　（三）拥有时机——要求要恰到好处 55

第三章　幼儿教师治班的情感因素 59

一、治班基础——教师的各种情感 59
　　（一）功能之别——教师情感的各种功能 60
　　（二）爱严之别——辩证地处理"爱"与"严" 64

二、适度表现——不同情境的不同表现 68
　　（一）表情丰富——情感的外部表现 69
　　（二）自我调控——情感的内部转化 71
　　（三）适度呈现——情感的内外之别 72

第四章　幼儿教师治班的基本原则 77

一、以正治班——坚持正向的引导 77
　　（一）制定班级的行为规范 78
　　（二）树立班级的正面形象 78

二、以柔治班——坚信环境的力量 80
　　（一）创设适宜的心理环境 80
　　（二）创设合理的物理环境 82

三、刚柔并举——坚持和谐的发展 84
　　（一）充分体现人文关怀 85
　　（二）符合实际的纪律要求 87

四、站稳立场——坚定正确的方向 89
　　（一）树立正确的价值观 90

（二）坚定自己的信念·· 91

第五章　幼儿教师治班的理想状态·· 93

　一、治班难点——容易遇到的困难·· 93

　　（一）各种幼儿——特点与能力水平不一致·· 94

　　（二）家庭环境——影响因素与要求不一致·· 96

　　（三）同事复杂——工作方式方法不一致·· 98

　　（四）领导苛刻——要求与工作实际不一致·· 99

　　（五）待遇不佳——待遇与工作付出不一致·· 101

　二、理想状态——治班效能的扩大·· 103

　　（一）幼儿高兴——喜欢幼儿园教师和班级·· 104

　　（二）家长满意——认同和支持教师的工作·· 105

　　（三）班级和谐——创建和谐的班级氛围·· 106

　　（四）人际良好——与同事合作有条不紊·· 107

　　（五）价值扩大——寻找工作价值的最大化·· 108

下编　幼儿教师治班的实践行动

第六章　计划制订的行动策略·· 113

　一、分析现状——了解各种基本的情况·· 113

　　（一）基线调查——了解幼儿及其家庭的状况·· 114

　　（二）分析情况——寻找治班时可能遇到的问题·· 115

　　（三）形成报告——给班级计划的制订打基础·· 117

　二、抓住重点——抓住主要问题和解决方向·· 123

　　（一）归纳问题——把分散的问题相对地进行归类·· 123

　　（二）确立标靶——确立解决各类问题的主攻方向·· 125

　　（三）制订措施——对应每一个问题寻找解决方法·· 127

三、有章可循——形成工作所需的条文 …………………… 128
　（一）执笔成文——由班主任写出最初的方案 …………… 129
　（二）共同讨论——征求领导或其他人的意见 …………… 129
　（三）最后定稿——形成班级学年或学期计划 …………… 130

第七章　常规管理的行动策略 …………………………………… 135

一、重在启蒙——培养基本的规则意识 ……………………… 135
　（一）建立规范——不同的活动有不同的要求 …………… 137
　（二）强化规则——在不断的重复中加以巩固 …………… 139

二、重在过程——可持续阶梯式学习 ………………………… 142
　（一）由浅入手——从最简单的规则开始 ………………… 142
　（二）小步递进——随幼儿情况逐步增加 ………………… 143
　（三）层次分明——不同的年龄有不同要求 ……………… 145

三、重在互动——共同制定，共同遵守 ……………………… 147
　（一）讨论状况——摆出现象让幼儿分析 ………………… 148
　（二）列举要求——和幼儿一起罗列规则 ………………… 149
　（三）适当呈现——让幼儿清楚记住要求 ………………… 151

第八章　环境运用的行动策略 …………………………………… 153

一、巧用空间——不同空间需要不同的常规 ………………… 154
　（一）区域设置——给班级的环境规划各种活动空间 …… 154
　（二）讨论场景——与幼儿讨论区域活动空间与内容 …… 157
　（三）展示场景——布置班级的各种活动区域与场所 …… 160

二、巧用材料——不同材料体现不同的规则 ………………… 163
　（一）准备材料——根据不同的活动进行材料的收集 …… 163
　（二）研究材料——对各种材料分类研究其意义所在 …… 168
　（三）运用材料——发挥各种材料在班级规则中的作用 … 170

    三、巧用角色——不同角色坚守相同的职责 173
      （一）教师的角色——直接性的指导与提示 174
      （二）游戏者的角色——间接性的指导与帮助 175
      （三）朋友的角色——平衡性的指导与提醒 177

第九章 家园共育的行动策略 179

    一、多种渠道——使家园联系更方便 180
      （一）约见家长——面对面的直接交流 180
      （二）成长档案——双向互补的家园交流 183
      （三）对外宣传——家园互动的间接交流 187
      （四）随班观摩——了解孩子的现场交流 190
      （五）家访活动——深入家庭实际的交流 192
    二、各施各法——使家园联系更活跃 193
      （一）调查研究——对班级幼儿家庭进行问卷调查 193
      （二）分类指导——对不同类型的家长用不同方法 195
      （三）针对性强——开展各种不同主题的家园活动 196
    三、信息互动——使家园联系更常态 198
      （一）定时定点——保证有一定的时间 198
      （二）定人定量——班级教师共同承担 199
      （三）定题定向——主题内容更加明确 200

第十章 同事相处的行动策略 203

    一、诚意沟通——建立在相互交心的基础上 203
      （一）彼此尊重——肯定对方的工作与能力 204
      （二）以诚相见——对对方的态度热情中肯 206
      （三）易位而思——理解对方的情感与思维 208
    二、合作互补——建立在平等协作的基础上 210

（一）讨论协商——通过讨论对班级工作达成一致意见……211
（二）遇事不躁——发现问题及时分析、及时统一意见……213
（三）共同承担——班级事务合理精细地分工却不分家……215

三、会意默契——建立在充分了解的基础上……………………217
（一）计划在先——做好各种具体的计划或方案……………218
（二）准备在前——为不同的工作或活动做准备……………220
（三）行动在实——各种活动中的积极配合…………………222

后　　记……………………………………………………………227

参考文献……………………………………………………………231

上 编
幼儿教师治班的理性思考

"哈哈！我收到一朵红玫瑰。"
"情人节礼物吗？""老公送的吧？"
"嘻嘻！你们怎么就只会想到是老公送的呢？"
"不然会是谁？""还能有谁送花给一个女人哦？"
"怎么就不行？是班上的小朋友送的。"
"哦！原来是小朋友送给老师的。"
"小茵说，老师，我最喜欢听你的声音了，你讲的故事很好听。"
"小朋友怎么想到送花呢？"
"小朋友说她妈妈告诉她可以送花给自己喜欢的人，所以就给我送玫瑰了。"
"还是羡慕你，小朋友这么爱你。"
"嗯。我觉得当老师很幸福！这也许是爱的付出与回报吧。"

这是一位幼儿教师与网友的对话。从对话中可以看出，该幼儿教师很享受自己的工作，是一位非常爱幼儿也深受幼儿喜欢的教师。在班级管理和教育教学工作中，幼儿教师应该如何认识和定位自己以及以怎样的情感、理念、原则投入到班级的工作中才能管理好班级，才能为幼儿所喜欢呢？幼儿教师需要对这些问题有理性的思考和明确的认识。

第一章
幼儿教师治班的角色定位

一名幼儿教师如果不清楚自己所从事的工作究竟是怎样的，那么他的工作方向可能是不明确的。在工作方向处于模糊的状态下，其工作的过程和工作的质量也一定会存在各种不同程度的问题。比如，有的幼儿教师认为只要上好几节课，把教学工作做好就可以了，对幼儿的常规不注意引导和管理，结果常常因为幼儿的常规未建立好而影响其组织的教学活动；有的幼儿教师在班级管理上喜欢采取较为强硬的态度和方法，以为只要孩子怕自己就能很好地管理班级，但这只能使孩子幼小的心灵受伤，而教师自己也不会感到愉快；有的幼儿教师一味地迎合家长的需要，不顾幼儿教育的规律和幼儿发展的年龄特点，用不适合幼儿的要求来管理班级，结果导致幼儿达不到要求，教师自己也苦恼。因此，幼儿教师只有明确自己的角色定位，了解班级管理的任务，才能更好地开展班级的工作。

本章在引导幼儿教师定位自己的角色，从而对自己作为班级管理者、班级各项工作的决定者以及应具备主动执行能力等产生认同感的同时，指导幼儿教师明确自己在生活管理、教学管理、家园管理等班级管理工作中的任务与职责。

一、定位自己——了解角色的意义与目标

一个人总不能稀里糊涂地混日子，也不能只盯着眼前而没有什么追

求。一个人只有能给自己的发展定好位，知道自己想做什么、能做什么以及怎样去做，命运的主动权才能把握在自己的手中。因此，幼儿教师要学会给自己定位。

一般来说，定位自己就是在一定的场合中，给自己找到一个适合的角色位置，以及此角色的发展目标。因此，幼儿教师要定位自己的话，就要在幼儿园里找到一个适合自己的角色位置，找到一个自己所追求的方向。

（一）角色认同——幼儿园班级的管理者

幼儿教师在对自己的角色进行分析和确定时，往往会提出这样一个疑问："我是管理者吗？"那么，什么是管理者呢？以下是笔者与几位幼儿教师的讨论：

笔者：幼儿教师是管理者吗？

A教师：一般来说，管理者应该是园长吧，我们可是被管的人啊。

B教师：年级组长、教研主任也是管理者。

C教师：是啊，管理者是要有一定职务的人啊！我们算什么，不就是普通的老师嘛！

A教师：而且，如果我们也说自己是管理者的话，那么园长可能会以为我们想当什么官呢。

C教师：还是不要讲这个问题，老老实实地做老师得了。

笔者：那么，幼儿园教师要做哪些工作呢？

A教师：那就多了，给孩子上课啊、带他们户外活动啊，还有照顾他们吃饭、睡觉什么的……总之好多的。

B教师：不止呢。现在幼儿园很注重家园间的合作，很多家长工作都与以前不同了。比如，要建立幼儿发展档案、收集幼儿的作品、为幼儿写评价表……每个月都有很多的。

C教师：是啊是啊！我还要负责给孩子们拍照片呢。

A教师：我们要写好多的计划，什么学年计划、学期计划、周计划、日计划、具体的活动计划……总是周而复始地写。而且，要根据教育的要求、社会的发展、孩子的发展去写。

B教师：不止是写啊，还要去实施，有时计划制订好了也还是会更改的，中途会有变化。

C教师：我还好啦。因为我是助理教师，负责孩子的生活多一些，我只要跟着班主任的工作变化而变化就行了。

笔者：幼儿教师在班级工作中要对哪些人负责呢？

A教师：对幼儿负责啊，这是最基本的。

B教师：也要对家长负责嘛，人家这么放心地把孩子交给我们。

A教师：我觉得还要对我们班上的其他同事负责，因为我是班主任啊，如果我的计划做得不够周全的话，大家工作起来就会觉得太不靠谱了，也不知道如何互相配合。

C教师：要我说嘛，还要对班上的财物负责。幼儿园里每个学期都有财物的安全检查以及财物的使用、保管、登记什么的……

B教师：我们的责任是很重的……

从上面笔者和几位幼儿教师的讨论内容可以看出，幼儿教师对自己的角色、工作的职责与任务是有一定认识的：她们知道自己要做哪些工作，也认识到对于幼小年龄的孩子来说自己的责任是非常重大的。但她们的角色认同感不同，对自己作为班级管理者的认识还不到位。

现在，我们一起来看看幼儿教师究竟是不是管理者。

美国著名管理学家彼得·F.德鲁克（Peter F. Drucker）提出的"管理者角色"概念指出："在一个现代的组织里，如果一位知识工作者能够凭借其职位和知识，对该组织负有贡献的责任，因而能实质地影响该组织的经营能力及达成的成果，那么他就是一位管理者。"[①] 也就是说，在自己的位置上，依靠自己的知识和能力并能为改善自己所在组织的运作而做出自己贡献的每个知识工作者都可能成为"管理者"。

是否是管理者有两个前提条件：一是工作，即有需要你去管理的工作；二是人，即有需要你去管理的人。在幼儿园的班级中，幼儿的生活事务、教育教学、卫生保健、家园联系等都是幼儿教师要去管理的工作；幼儿园班级里的所有孩子以及他们的家长等都是需要幼儿教师去"管理"的人。

此外，在班级管理过程中，幼儿教师需要确定一个班级的工作任务是什么；应该有什么样的目标；如何采取积极的措施实现目标；预期这些工作能为幼儿、家长、社区起到怎样的作用……这些都是幼儿教师应尽的职责。

所以，我们可以很肯定地说：幼儿教师就是一个管理者，是幼儿园某一个班级的管理者，管理班级里的人、事、物。

在幼儿园的班级工作中，管理具有一种无形的力量，而这种力量往往是通过同一个班级里的不同教师在不同的位置上体现出来的。因为不同的教师在不同的位置上的管理职责是不同的，所以其管理的力度与重心也是不同的。

（二）决定方向——明确自己工作的追求

地理方向是指东、南、西、北的方位，生活方向是指人生的理想、追求的目标，而工作方向就是追求和把握自己工作的目标。人们在某一方面决心有所作为的努力方向就是志向，幼儿教师的志向同样也决定了自己的工作方向和个人的发展方向。

---

① 德鲁克.卓有成效的管理者：珍藏版[M].许是祥，译.北京：机械工业出版社，2010.

那么，幼儿教师有什么样的志向呢？工作追求又是怎样的呢？请看下面笔者与几位幼儿教师的对话：

笔者：你们认为幼儿教师应追求什么？

A教师：把孩子们教育好呗，这是我们当教师的责任嘛。

B教师：最好是平平安安地过好每一天，不要出意外就行了。我的要求不是很高。

C教师：把孩子们的生活照顾好，把班主任老师交给我的事情做好，这些就是我想要的。

笔者：有没有想过怎样实现自己的追求？

A教师：做一名爱孩子的教育工作者。

B教师：应该是像爱护自己的孩子一样地爱幼儿，但有时候不容易做到。

C教师：我每天都很细心地照顾他们的生活。比如，××小朋友吃饭总是很挑食，每一顿饭我都想着法子编好听的食物故事哄他吃。

A教师：是啊，好多孩子都很接受这一方法。

C教师：我们关心孩子，家长会很喜欢的。

B教师：对啊！和家长的关系处好了，很多的工作就容易开展了。

A教师：家长们都想看到自己的孩子在幼儿园里是怎样生活、学习的，我们每个月都在"幼儿发展档案袋"里收集孩子的作品、写评价表……

B教师：所以每一次的家长开放日、家长会啊，我们都要做好准备。

从以上这些包含了教育幼儿、配合同事、做家长工作等内容的对话中，我们了解到长期工作在一线的幼儿教师对自己所从事的工作的理解是比较琐碎、零散的，他们常常沉浸在具体的工作里，很少能跳出各种日常的事务，没有时间也没有意识去思考一下自己在工作过程中需要追求一些怎样的东西，以及哪些才是指导自己定位角色、确定工作方向的东西。

然而，确定具体的工作不如确定工作的方向。有了方向，工作就会顺利多了。因此，幼儿教师在明确自己角色的同时，应该确定自己角色的方向，给自己的工作确定一个追求的目标。这也是幼儿教师治班行动前很重要的心态准备。

由于幼儿正处于其身心发展的特殊时期，幼儿教师作为班级的管理者，在班级管理中应该有以下几个方面的定位：

1. 做幼儿的贴心人

3—6岁的幼儿离开了父母来到幼儿园，从在家庭里独占父母、长辈的爱，到在幼儿园里与同伴一起分享老师的爱；从家庭里想要什么可以马上就得到，到在幼儿园里需要适当的等待；从家庭里可玩的玩具很多，到在幼儿园里要和同伴轮流玩玩具……这些变化都会让幼儿产生很多的不适应。如果此时幼儿教师能"蹲下来"贴近孩子，走到孩子的视野中，读懂他们的心理，多给他们空间，以及创设一个适宜的、促进幼儿健康发展的环境，就能使幼儿愿意与你相处，你就是幼儿的贴心人了。

这一天，小班的孩子小述过生日。小述的妈妈出差了，小述对我说："老师，我今天过生日，妈妈说过的，今天是我的生日。"看得出由于妈妈没在身边给自己过生日，小述有点失落，同时也很希望能有更多的人为自己过生日。当天下午点心时间，我用彩色纸给小述折了一朵郁金香，送给她作为生日礼物，还和小朋友一起为她唱了生日歌。小述手里拿着花，很满足地笑了，笑得比花儿还要美。

（李麦浪）

2. 做家长的知心人

现在的孩子大多是独生子女。家长在把需要成人细心呵护的孩子交到幼儿教师手中的那一刻起，就注定了会对自己的孩子牵肠挂肚。如果幼儿教师能够主动地与家长沟通、与家长达成一定程度的教育共识；能够帮助家长全面地了解幼儿园、了解孩子在幼儿园里的情况；能够帮助他们正确地对待自己孩子的发展，在家庭教育和孩子成长方面及时地给他们以支持，你就是家长的知心人了。

大班了，幼儿将要升小学了。在一次家访中，我看到文文家里为孩子准备了一套可升降的小书桌和椅子，看得出文文的家长很注意孩子学习条件的准备。但这套书桌的摆放位置却背对着窗户，自然光线不够充足。我一边表扬了家长为孩子所做的努力，一边解释保护孩子视力的重要性并帮助他们调整了书桌的位置。文文的家长一再地感谢我，让我怪不好意思的。其实，这么做完全是出自我的真心。只要对孩子有利、对家长有帮助的事情，我都会做的。

（李麦浪）

3. 做同事的合作者

在幼儿园里，一个班集体的形成、班级工作的完成都离不开同一个班里的几位教师彼此配合。班里几位教师的工作热情、工作态度、工作责任感、工作能力等都会影响到班级管理的效果。如果同在一个班级里的幼儿教师能够真诚合作，在产生问题或矛盾的时候能够求大同而存小异，同心协力地把班级工作做好，那么你就是同事的合作者了。

在一次公开教学活动中，匆忙间我忘记拿特地为教学活动准备的红色小布袋了。正当我想拿其他颜色的小布袋代替时，林阿姨却悄悄地把红色的小布袋递过来，帮我化解了尴尬的场面。林阿姨是一位很负责任的保育员，如果没有她的帮助，我的教学活动就不会这么顺利地开展了。这次意外越发让我觉得，大家的合作是班级管理工作成功开展的关键啊。

（李麦浪）

4. 做教育的有心人

现代社会随着科学技术的飞速发展而日新月异，教育领域也是在不断地发展着，许多教育理论、教育模式、教育方法、教育手段等都在不断地更新。如果幼儿教师能保持一种对新事物的好奇心，愿意主动、积极地去了解和理解这些变化，并根据不同的变化调整自己的工作思路、工作方向，提高自己的工作能力和水平，那么你就是教育的有心人了。

最近，大家都在讨论这样一个话题：是绘本阅读还是图书阅读。有的说，图书阅读的说法太老土了，绘本阅读才时髦；有的说，绘本就是图画书，绘本阅读就是图书的阅读……的确，现在的新东西真多，一下子让大家清清楚楚地都了解还真的不容易。我认真地查了一下资料，关于"绘本"一词，百度文库里是这样写的：绘本，英文称 Picture Book……顾名思义就是"画出来的书"，即指一类以绘画为主，兼附有少量文字的书籍。现在市面上的绘本以低幼儿童阅读为主，也有一些成人阅读的绘本。原来绘本也就是图画书，各种看似新潮的词语也有其起源的。有时，我们还真的需要去好好地研究一下才能更好地去掌握它们，才不会人云亦云。

（李麦浪）

（三）主动执行——完成工作的行动能力

幼儿园的每一位教师，不管他们的性格怎样、知识水平如何，也不管他们的工作对象、工作方式是否相同，他们有一种东西却是相同的——那就是必须具备做好自己分内事情的能力，即完成工作的行动能力。以下是笔者和几位幼儿教师就此问题进行的对话：

笔者：幼儿园的工作任务这么多，你们怎样才能去完成这些任务？

A 教师：把各项工作安排好，一件一件地去做嘛。

B 教师：哪件急就先做哪一件啊。

C 教师：先做好自己必须做和应该做的，然后再做班主任给的工作。

笔者：做这些工作的时候，有没有想到要达到什么样的目标？

A 教师：有的，做什么工作都是要有目标的，不然怎么完成。

C 教师：我们的目标很小，比如搞卫生，就是定期消毒玩具、每天冲洗卫间、洗孩子的毛巾、把桌子椅子擦干净就是了。

B教师：教学有教学的目标，生活指导有生活指导的目标，不同的内容有不同的目标。

A教师：是啊！有了目标的话，我们才能对照着目标去完成工作任务。

笔者：你们觉得自己是否有能力去完成这么多的工作任务？

A教师：有能力啊！要对自己的工作能力有信心。还有工作计划是我们自己制订的，也是自己能做到的。

B教师：能做的就多做一些，不能做的就少做一些，不要逞能，不然做了也白做。

C教师：有些时候硬着头皮也要做啊，像我原来不会拿相机给孩子们照相，现在学着学着就会了。

A教师：开始是感觉自己可能做不了这么多的工作，后来熟悉了，而且安排好时间，习惯了什么时候做什么事就好多了。

笔者：教师完成班级工作需要怎样的能力？

A教师：教学能力吧，因为每天都要给孩子们上课。

B教师：有组织能力，除了上课还要组织孩子开展很多的活动。

A教师：组织孩子游戏、散步啊……还要组织家长会呢。

C教师：我觉得我最重要的是具备配合主班老师工作的能力，有好多时候我都需要配合好主班教师的工作。

B教师：还有写作的能力，现在幼儿园里有很多东西要写，除了教学计划，还有教学反思、儿童成长档案……

　　从上面的对话中我们可以看出，幼儿教师对自己的能力还是比较自信的，会主动地熟悉自己的各项工作，能在繁忙的事务中找出工作规律，更好地帮助自己完成任务。那么，作为一个有效的幼儿园班级管理者来说，应该具备怎样的行动力并运用自己的行动力顺利地完成任务呢？

1. 注重对自己能力的准备

组织能力、协作能力和执行能力，是幼儿教师在治班过程中不可缺少的能力。

（1）组织能力。幼儿园的班级管理工作涉及幼儿的生活、学习和游戏工作，家长工作，环境布置工作，以及卫生保健等。教师能否灵活地运用各种方法，把各种力量合理地组织和有效地组合起来以有效地实现目标，组织能力显得尤为重要。组织能力能使个体把自己的知识、素质等基础条件以外显的形式综合地体现出来。

（2）协作能力。幼儿园的班级管理是一种群体的行动，而群体行动与个体行动的不同之处在于，群体行动的方向性更强，这样才能保证这个群体在一定的范围内、一定的时间里达成一定的目标。但由于在一个群体里的每一个个体都具有自己本身的需要和特点，在达成目标的过程中更需要互相配合。因此，班级管理者的协作能力很重要。

（3）执行能力。幼儿园班级的管理方向和工作任务确定以后，我们就必须一步一步地完成各项工作。如何分配好时间，如何把任务具体化到每一个月或每一天的工作里，这就涉及幼儿教师的执行能力，它是把管理方向一步一步变为具体工作的保证。可以说，幼儿教师的执行能力就是实际做的能力，是把理想付之于实践的能力。

2. 注意自己的知识结构

有研究表明，教师的知识从其功能出发呈现出不同的结构成分，包括了本体性知识、条件性知识和实践性的知识。

本体性知识是指幼儿教师所必须具有的、特定的科学知识，如语文数学、天文地理、物理化学、文学艺术等，这些知识基础涉及各种教育教学内容；条件性知识是指幼儿教师要具备与幼儿教育专业相关的知识，如教育学、心理学以及卫生学等方面的知识。这类知识能使教师了解幼儿的成长发育、心理发展的特点以及教育的各种原则和方法，是教师从事教育教学的必要知识；实践性知识是指幼儿教师在教育工作中所积累起来的经验性的知识，如教师在长期的教育教学过程中所积累的、能帮助教师解决具体工作问题的知识。

具有丰富的知识是很重要的，这是幼儿教师有效地开展教育教学工作的基础。教师所拥有的本体性知识越多，其教育教学的有效性就越大；教师所掌握的条件性知识越牢固，其教育教学的水平就越高；教师所积累的实践性知识越丰富，其教育教学的能力就越强。

在一次关于剪纸活动的园本教研中，大家围绕着"如何让幼儿在折叠好的纸扇子上面，用镂空的方式剪出对称的花纹"进行了讨论。大家对于"什么是镂空，用剪刀剪纸算不算镂空以及什么是对称"等问题不是很清楚。于是，我们大家分头寻找资料，还请教了一些艺术界的专业人士。之后，我们了解到：镂空是一种雕刻技术，在外面看是完整的图案，但里面是空的或者镶嵌小的镂空物件，剪纸就是一种用镂空的方式在视觉上给人以透空感觉的艺术品；而对称是指图形或物体，在大小、形状和排列上具有一一对应的关系。

这样，在教研讨论后，我们大家的本体性知识丰富了，在教学上的底气也就更足了。大家根据幼儿的实际发展情况，运用相应的方法帮助他们掌握了剪对称花纹的方法，我们的教学能力也在此教学过程中得到了提高。

（李麦浪）

3. 重视对行动的管理

用实际行动做好每一项工作，即要把所有的能力以及各种知识结合起来，真正地去运用、去实践它们。也许我们所能做到的仅仅是执行这个工作中的某一个具体行动步骤，但这些不起眼的、具体的行动可能正是完成整个任务的关键。所以，不要小看具体的工作。

许多时候，幼儿教师会抱怨幼儿园的具体事务太多了，没有时间去做其他更有意义的事情。之所以会这样，是因为幼儿教师未能真正地管理好自己做事情的行动。

如果教师完全习惯并能娴熟地处理日常事务，就能有更多的时间来思考那些在日常工作以外的、更有价值的事情。但如果教师不善于管理自己的行动，不善于总结自己工作的经验，总是停留在具体行动的控制与管理上面，那么工作就会变得繁重而无效了。比如，有的幼儿教师习惯把近期需要做的事情简单地罗列出来，对它们进行排序，然后按任务的急缓排一个时间表，把最需要完成的任务排在最前，并把做每一件事的时间也定下来，这样就不至于把某些工作落下，也能给予时间上的保证。

二、明确职责——了解班级管理的工作任务

工作职责是指幼儿教师在工作中所要负责的工作范围以及所要承担的相应责任，也包括要达成的效果。按照幼儿园的工作性质和幼儿的年龄特点，在幼儿园的班级管理中，幼儿教师的工作职责可以分为生活管理、教学管理和家园管理三个方面。

（一）生活管理——周全细致的生活照顾

生活管理是指对幼儿在幼儿园里的生活活动的指导与管理，包括来园、进餐、睡觉、如厕、盥洗、喝水和离园等。这些是幼儿教师每天都要面对的、最事务性的、最为烦琐的工作。3—6岁幼儿在幼儿园一天里的大部分时间都在做这些事情。虽然是每天都在做的小事，但对幼儿的身心发展以及他们对幼儿园生活的适应都具有非常重要的意义。

1. 生活管理的意义

生活常规的建立能帮助幼儿形成动力定型，帮助他们尽快适应幼儿园生活，同时也可以使幼儿教师的工作更加顺利。

（1）常规的建立能帮助幼儿大脑形成动力定型。脑科学理论让我们知道：幼儿大脑的发育速度和机能发展的重要性，以及如何建立起一个有复杂联系的、有良好回路的神经网络。当婴儿出生时，大脑中控制生命的功能已具备，但高级神经网络才开始发展，随后不断地产生脑神经细胞间的联系，这种联系使幼儿大脑中的信息得到联系。然而，幼儿大脑神经细胞间的联系（也就是高级神经网络的建立），必须通过幼儿与其他人的交往与互动而获得并增强。

建立常规正是把幼儿日常生活中重复出现的活动与必须遵守的规则在他们大脑高级神经网络中建立起一种稳定的联系，并在幼儿的日常生活中重复执行这些规则，使之逐渐成为幼儿的行为规范。

（2）常规的建立能帮助幼儿适应生活环境。由于幼儿年龄小，自制力不强，也未形成各种良好的习惯，不知道如何在幼儿园里过集体生活，不知如何与同伴相处等，因此当他们到达一个新的环境时，如托儿所、幼儿园，需要一个适应的过程。帮助孩子了解生活中的常规，利用他们可塑性强的特点，在日常生活中坚持执行各项规则，让孩子逐渐地熟悉日复一日的生活环节和生活环境，常规自然就建立起来了。因此，耐心地帮助幼儿融入幼儿园的集体生活，是家长和幼儿教师都应关注的问题。

（3）常规的建立能帮助幼儿形成良好的习惯。培养幼儿良好的常规是保证幼儿园教育教学活动正常开展的前提，也是维持班级活动秩序、使每一个幼儿能开开心心地在幼儿园这个集体里生活、学习和游戏的前提。因此，在幼儿园里帮助幼儿建立起必要的生活常规、学习常规和游戏常规，对幼儿的良好生活习惯、学习习惯的形成有很大的帮助，幼儿的自理能力、独立能力、学习能力、操作能力等也都能得到更好的提高。

（4）常规的建立能使幼儿园工作走上正常轨道。幼儿的常规建立了，幼儿教师也就能更为顺利地进行教育教学活动了，幼儿园的工作也就能更为顺利地开展了。试问哪一位家长能放心地把孩子交给一所没有规章制度、没有良好的秩序和工作常规的幼儿园？因此，幼儿常规的建立能使幼儿园班级的管理工作走上正常的轨道。在一个管理有序、井井有条、安全舒适的环境中，幼儿也能健康地成长。

2. 生活管理的具体方法

幼儿教师应根据幼儿在不同时间的发展需要来安排不同的指导内容。生活环节不同，工作重点也有不同的要求。

（1）来园。来园是幼儿每天离开自己的家人，到幼儿园进行新活动的开始。教师应关注幼儿来园时的情绪，细心地了解其身体状况和家长的一些特殊要求，并安排适宜的玩具和材料让他们用最少的时间参与到幼儿园的活动中来，以减轻或缓解幼儿因为与父母、家人分离而产生的焦虑情绪。对情绪已经稳定的幼儿，教师应引导他们向老师和同伴问好，与父母、家人快乐道别。

威威是一位转来我们班没多久的小朋友，每次来幼儿园的时候都会哭闹不止。这天，他缠着妈妈不愿进入教室里。妈妈为了赶时间上班，生气地说："你再哭我就不来接你了。"这句话对威威的刺激更大，他更不愿意离开妈妈了。见状，我从威威妈妈的手中抱过威威，一边用动作安抚他一边说："妈妈很爱威威，妈妈一定会来接威威的，只是妈妈现在要上班，下班就会马上来接威威的。"接着，我把班上孩子们喜欢的玩具放在威威的手上，嗒嗒嗒响着的电动玩具吸引了威威的注意力，他逐渐安静下来了。慢慢地，脸上开始有了一点笑意……

（李麦浪）

（2）进餐。进餐包括幼儿在幼儿园里所进行的早餐、午餐、午点和晚餐，两餐的间隔时间一般是 3～3.5 个小时。教师在幼儿进餐前应组织他们上厕所、洗手，向幼儿介绍每一餐的食物，引起他们对食物的好奇和食欲。在幼儿进餐时，教师应引导他们学会使用餐具，必要的时候给年龄幼小的孩子喂食。在幼儿进餐后，教师要注意引导幼儿擦嘴、漱口，组织他们进行安静的餐后活动或散步。

幼儿园的很多小朋友都很怕吃豆腐做的食物，但豆腐作为豆制品是非常有营养的，在幼儿园的食谱里也常常会有豆腐炒肉末这道菜。怎样才能让孩子们喜欢这道菜并能好好地吃呢？我冥思苦想后，终于想出了一些小方法。比如，当小朋友午餐中有豆腐炒肉末这道菜的时候，我会像变戏法一样，拿着布娃娃或小动物玩具，用游戏的口吻去吸引他们："娃娃的鼻子闻到好香的气味，看看小朋友吃的是什么？哇！是好吃的豆腐。娃娃最爱吃豆腐了，她说豆腐在嘴里滑滑的、香香的，吃了才会有力气玩。娃娃最喜欢和爱吃豆腐的小朋友做朋友了……"孩子们听到后受到鼓励大口大口地进餐了。

（李麦浪）

（3）睡觉。幼儿每天在幼儿园里的睡觉时间一般是在中午的 12 点到下午的 15 点之间。教师在幼儿睡觉前应提醒他们上厕所大小便，引导他们脱下鞋袜和外衣裤，安静地上床躺下睡觉。在幼儿睡觉期间，教师应注意经常巡视、检查，细心照顾幼儿，如有要中途小便的幼儿必须及时地给予帮助。在睡觉时间结束时，教师可以先播放一些轻音乐以唤醒幼儿，引导他们穿好鞋袜和外衣裤，整理好床铺和被褥。

每当我们班孩子午睡时，我都会在孩子刚刚上床时逐一地巡视一次，看看他们是否盖好了被子，手里或嘴里是否有细小的异物……这天，小音的手里拿着一个小塑料瓶子，说是妈妈给的，我猜小音也许是想妈妈了，就安慰她说："你对着小瓶子告诉妈妈说我要睡觉了，好吗？"小音听到后真的对着瓶子说："妈妈，我现在睡觉，我很乖。"我让小音把瓶子先给我,留着放学时给妈妈听听"瓶子里的话",小音欣然地同意了,随后很快地睡着了。

在幼儿园里,个别情感丰富的孩子常常在午睡时思念妈妈,这时教师适当的安抚和引导就显得很重要,能使他们幼小的心灵得到适当的安慰。

(李麦浪)

(4)如厕。幼儿形成良好的排泄习惯,对其成长发育有着重要的意义,而帮助他们尽快地形成良好的排泄习惯是我们教师的责任。幼儿园要为2岁以下的幼儿提供便盆或坐便器,为2岁以上的幼儿提供蹲便坑,并帮助他们学习蹲便坑。教师可用儿歌来引导幼儿,比如,"上厕所衣服拉拉高,抓住小裤腰,脱下小裤子,慢慢蹲下来"。教师还应定时提醒幼儿到厕所大小便,对年龄幼小的孩子要直接帮助他们进行大小便;对年龄稍大的孩子,可用游戏的形式和口吻教幼儿学习脱、穿裤子。此外,对不同性别的幼儿要分别进行引导。比如,可以用图片让幼儿知道女孩子是需要蹲下来小便的,男孩子是站着小便的。在幼儿上完厕所后,应提醒他们及时洗手,注意个人卫生,应及时对便坑、便盆进行冲洗和消毒,用拖把拖干净地面,保持卫生间的干爽和清洁。

(5)盥洗。幼儿在幼儿园里的盥洗包括洗手、洗脸、洗脚、洗澡、漱口等。幼儿需要在不同的时候进行不同的盥洗工作。教师应根据幼儿的实际情况和需要,及时地帮助幼儿进行盥洗,指导幼儿学会使用盥洗用品(毛巾、漱口杯、洗手液、肥皂等),引导幼儿学会开关水龙头,注意节约用水。对年龄幼小的孩子,教师要直接帮助他们进行盥洗,或用儿歌引导,如擦脸歌:"小毛巾,四方方。擦擦脸,不怕脏"。再如刷牙歌:"小牙刷,轻轻拿;上和下,刷白牙"。对年龄稍大的孩子,可通过游戏引导他们学习盥洗。比如,在娃娃家里,提供盥洗用的游戏材料,鼓励幼儿利用这些材料给娃娃洗澡、洗脸、刷牙等。

(6)喝水。幼儿在幼儿园里的喝水量不应受到限制,教师应根据孩子的需要及时地提供饮用水。教师应在特定的时间里提醒幼儿喝水，以保证他们一天中的基本喝水量，一般上午喝2～3次，下午喝1～2次，每次为幼儿装上大半杯的水，并留意幼儿喝水的情况。对于不能好好喝水的幼儿，可以让他们一起来比比谁喝得多、谁喝得好；也可以发一些诸如小星星贴纸之类的小奖品给喝水喝得好的幼儿，以此来鼓励其他幼儿喝水；还可以用儿歌来吸引幼儿喝水，如"小茶杯，装清水。呼噜噜，喝进嘴"。此外，饮用水的温度不宜过高或过低；不能把刚烧开的水放在幼儿的活动范围内，应把开水放在厨房，直至温度合适时才能拿给孩子喝。

（7）户外活动。户外活动是指教师与幼儿在户外所进行的活动。教师利用户外的阳光、空气、水、植物等自然因素组织幼儿进行各种活动，有利于他们的身心健康发展。因此，教师应注意在气温和空气湿度适宜的情况下多带幼儿到户外进行早操、体育锻炼，也要尽量地把教学活动、游戏活动、自由活动等安排在户外进行。

春天到了。这天，我带领幼儿来到了幼儿园的花园里，寻找幼儿园的春天。小朋友兴奋地看到了小草长出嫩嫩的芽，一边观察还一边讨论着：小花、小草会不会口渴？要不要喝水？口渴了怎么办……我和小朋友一边想办法帮助小花、小草，一边出示各种可以盛水的小工具，引导幼儿到水龙头处装上少许水，为小花、小草浇水。此后，大家对幼儿园的花草更关心了，也会很主动地轮流为花草浇水。看来，户外活动不仅给孩子们的身体带来好处，对他们的情感发展也有促进作用。

（李麦浪）

（8）离园。离园是指幼儿经历了一天的幼儿园生活后，准备再次跟随家人一起回家的时刻。教师应在幼儿离园前引导幼儿整理好书包和衣物，组织他们自由地在室内玩玩具，等待家长的到来。当有家长来接孩子时，教师应主动地与家长交流孩子在幼儿园里的情况，如孩子在幼儿园里情绪如何、生活上是否有什么特殊的事情、学习上的进步有哪些等，并引导幼儿向父母或者其他家人问好,与老师和同伴道别。对未能及时离园的孩子要做耐心的安抚工作,使他们能保持愉快的情绪等待父母或家人的到来。

圆圆的父母由于工作的地方离幼儿园很远,家里又没有老人帮忙,所以总是很晚才能来幼儿园接孩子。每当放学的时候,圆圆的眼睛总会望着门口,希望进来的是自己的妈妈或爸爸。有小朋友说再见时,圆圆的眼睛也会露出落寞的眼神。这时,我就会坐在圆圆的身边,用手臂搂着圆圆,安慰她说:"圆圆的爸爸妈妈很爱圆圆,努力工作也是为了圆圆,圆圆也很爱爸爸妈妈,总是乖乖地等他们,老师会一直陪着圆圆等爸爸妈妈……"圆圆听到后会不由自主地把身体依偎在我的怀里,我感觉到她那幼小的心灵是如此地需要我。

(李麦浪)

(二)教学管理——适合幼儿年龄的教育

教学管理是指幼儿教师为了实现幼儿园的教学目标,按照教学规律和幼儿的年龄特点,对教学工作进行全程的管理。幼儿教师的教学管理包括班级教学计划管理、班级教学目标管理、班级教学过程管理和班级教学档案管理等内容。

1. 班级教学计划管理

班级教学计划管理是指由班级主要负责人依据幼儿园的工作计划,针对自己班级幼儿的发展需要、教育教学的活动要求、各项工作的重点等,进行统筹并制订某一时期内班级各种教学安排的过程。教学计划管理包括计划、组织、检查、总结四个基本的管理程序。制订计划是整个教学计划管理的起步阶段,使班级的教学目标、内容等明了清晰;组织是对教学计划进行实施的行动过程,使幼儿能够通过教师的教学愉悦身心、增长智慧、强壮体魄、陶冶心灵；检查是指在教学计划被执行的过程中，看其是否真正地实现教学的目标，各种教学活动是否完成，以及需要修正哪些地方才能更好地达成目标等；总结是对班级教学计划的执行情况进行评价和经验提升，为下一环节的教学计划管理工作提供一定的依据（见表1.1）。

表1.1　第 × 周课程计划

主题：《可爱的祖国》　　班别：大班　　设计者：马倩媚					
实施时间：××××年×月×日—×月×日					
周目标	1. 与同伴一起参与国庆的庆祝活动，了解中国节日的民间习俗，感受人们对生活无限的热爱和对美好生活的向往。 2. 能热情、主动地与同伴交往，感受一起玩的欢乐气氛。 3. 感受歌曲的旋律特点，学会有表情、连贯地演唱。 4. 通过欣赏感受祖国京剧的艺术特点，学会用对称的方法装饰京剧脸谱。 5. 喜欢朗读儿歌，并能运用自己的语言表达对祖国文化、风景的喜爱之情。 6. 喜欢参加计算游戏，学会7的分解与组成。 7. 会听音乐，并能按节拍有力地做徒手操。	环境创设	1. 创设"我爱祖国"的主题墙环境。 2. 展示孩子的脸谱的作品。	生活环节	1. 有良好的卫生习惯，不咬手指、衣服和跪在地上。 2. 节约用水，会关紧水龙头。
		家长工作	请家长和小朋友一起收集一些少数民族的服饰与生活习惯的图片或资料。		

续表

星期	上午	下午
星期一	▲美术：欣赏各民族服饰 指导：这些衣服美在什么地方？颜色和图案有什么特点？ ●计算：7的分解与组成 指导：操作实物分解，讲述操作结果。 ●体育：学习徒手操 指导：按节拍做动作，手臂伸展有力。	■舞蹈：nobody 指导：会随音乐自然地左右扭动胯部。 ▲户外活动：炒黄豆 指导：会两人合作游戏。
星期二	▲主题活动：祖国的节日 指导：说说自己知道的节日，通过看图片，了解由来、习俗和庆祝的方法。 ●歌曲：小朋友最爱自己的祖国 指导：你觉得歌曲怎样？小羊、小鸭、小蜜蜂和小朋友最爱的是什么？ ▲户外：看谁投得准 指导：弓箭步，身体后倾用力把沙包投向远方。	▲主题活动：祖国的怀抱 指导：了解中国澳门、中国香港、中国台湾是祖国不可分割的一部分。 ▲户外活动：荡秋千 指导：两个人一起玩荡秋千，没有轮到的幼儿在秋千旁边排队等候。
星期三	▲户外活动：接力赛 指导：把接力棒竖着交给下一个小朋友，然后立即排到队伍的后面。 ■角色游戏：大带小 指导：按标记把箱里的物品分类摆放好，用建构材料围合两个家庭；主动认识小弟弟、小妹妹，热情与弟弟妹妹打招呼；邀请弟弟妹妹一起玩游戏。	●儿歌：祖国到处是欢乐 指导：了解不同地方对"欢乐"的不同理解。 ▲操场：套圈 指导：围成圆圈合作把圈传下去。

续表

星期	上午	下午
星期四	▲ 欣赏京剧脸谱 　　指导：找出脸谱的共同特点。 ● 美术：脸谱装饰 　　指导：以鼻子为中心，左右画上对称的颜色和图案。 ▲ 户外：谁快谁赢 　　指导：眼看前方，控制好轮胎滚动的方向。	▲ 舞蹈：大中国 　　指导：会听音乐变换队形。 ▲ 户外：丢沙包 　　指导：托举沙包后挥臂用力向前方抛出。
星期五	■ 开心日：庆国庆、迎亚运活动 　1. 大胆参与表演，表达对祖国的爱。 　2. 认真观看表演，做文明的小观众。	■ 小乐园活动 　　指导：与同伴玩时不互相追逐和打闹。 ▲ 桌面建构 　　指导：会用对称的方法建构飞机、坦克。

注：● 表示结构性课程内容，需要教师写出具体的活动方案并进行教学。

▲ 表示半结构性课程内容，教师可以根据实际情况写出活动目标和简单过程，灵活组织活动。

■ 表示非结构性课程内容，只需写目标，教师可按实际情况灵活组织活动。

在上面的课程计划安排中，按照各种活动的需要，教师再分别写出不同的具体活动方案，每天按照计划和活动方案进行教学与活动组织，每天活动后对当天的情况进行反思，看看计划好的任务是否完成，发现问题，并及时总结经验。

2. 班级教学过程管理

班级教学过程管理是对教学活动展开的过程所涉及的各种要素及活动的管理,如具体的教学对象、教学方案设计、教学方式选择、教学材料准备、教学环境创设、教学过程中的突发事件等。因此,幼儿教师在班级教学管理中,首先要对自己所在班级的幼儿有一个清晰的了解,针对其年龄、能力、兴趣等选择适当的教学方式和方法,设计好每一个具体的教学活动方案,为教学活动的开展创设适宜的教学环境,提供各种教学材料,做好教学过程中可能出现的突发事件的应急准备等,以便更好地促进幼儿的发展,达到教育教学的效果。

3. 班级教学档案管理

班级教学档案管理是指在班级的教学实践活动中形成的、以多种形式存在的、具有保存价值的教学文件材料。一般包括学期教育计划、周计划、课程教案、教学反思、教学延伸活动、幼儿作品、教学参考资料等。教学档案的管理是班级管理工作中的重要组成部分。因为,这些文件材料记载了班级教学过程中幼儿教师的教学实践、教学研究、教学工作过程等最原始、最真实的情况。这些材料在幼儿教师后续的教学工作中能起到借鉴、参考、提示、改进等作用,对幼儿教师自己以及同事的教学都有极大的意义。

(三)家园管理——凝聚合力的家园共育

家园管理是指幼儿教师为了有效地开展各项工作,与幼儿家长建立良好的伙伴关系,共同促进幼儿的身心健康发展。在班级管理中,家园管理包括建立家长工作制度、制订家长工作计划、规范家长在园行为、做好家园联系工作等。其中,家长工作制度和家长在园行为规范一般都是幼儿园统一制定的。在这里,我们主要谈一下在班级管理中幼儿教师应做的两项工作——制订家长工作计划和做好家园联系工作。

1. 制订班级家长工作计划

班级家长工作计划是针对本班的幼儿、教师和家长而制订的，方便家长和幼儿教师相互沟通与联系、要求大家共同配合的具体工作安排。制订班级家长工作计划是家园管理工作不可缺少的一部分，包括指导思想、工作目标、工作措施、具体安排等内容。幼儿教师在每一个学年或学期结合幼儿园的教育教学工作，把那些需要与家长共同完成的工作任务都确立好了、安排好了，那么工作起来就顺心多了。

表1.2 小二班家长工作计划

指导思想	逐步与家长建立一种良好的关系，使家长对幼儿园放心。
工作目标	引导家长逐步熟悉幼儿园，对班级工作有一定的了解。
工作措施	1. 建立家园联系宣传园地，定期更换文章，并鼓励家长投稿，互相介绍好经验、好方法。 2. 开展家园互动活动，鼓励家长来园参加活动。 3. 通过幼儿园半日生活开放活动、幼儿成长档案等形式，让家长了解孩子在幼儿园的学习与生活。
具体时间安排	1. 10月份组织一次亲子秋游活动。 2. 11月份开展一次幼儿园班级半日生活开放活动，请家长参加并深入了解自己孩子在园的情况。 3. 12月份组织一次冬季亲子运动会。

（广州市晓港中马路幼儿园 马倩媚）

2. 做好班级家园联系工作

班级家园联系工作是指幼儿教师与幼儿家长通过直接或间接的方式，

就幼儿的身心发展、教育问题等进行沟通的过程。开展家园联系工作是做好幼儿教育工作的必备手段，做好家园联系工作能让家长及时了解自己的孩子在幼儿园的生活、学习、游戏情况，同时也能让幼儿教师了解幼儿在家里的生活、习惯及社会背景等情况。幼儿教师与家长只有通过多次沟通、反复交流才能获得一致的认识，才能采取一致的行动，达到家园共育的目的。

在"家长开放日"活动中，我一改过去只让家长当"观众"的做法，让家长直接参与幼儿当天的活动，做孩子活动的支持者、记录者、观察者和参与者，成为孩子学习的好伙伴。

根据当天的活动目标和活动内容，我制订好活动记录表，让家长对自己的孩子在活动中的动作发展、生活能力、学习兴趣和能力、语言发展、情绪情感、交往能力、个性品质等方面进行观察、记录和评价，并专门安排了孩子和家长的互动时间，让孩子向自己的爸爸妈妈介绍活动室的每一个角落（因为活动室内的每一个角落都是孩子们自己的"杰作"）。请孩子们和他们的爸爸妈妈看他们的"成长档案"。当家长们看到自己孩子的作品，看到自己平时和孩子一起收集的资料被收藏在里面，以及教师对孩子的活动情况所做的观察、记录和客观的评价时，他们很感动，也很高兴。

当家长看到自己的孩子学习更主动，兴趣越来越广泛，探索精神大为增强时，都深深地体会到用观察和记录的方法来记录孩子的发展给孩子和自己带来的好处。

（广州市荔湾区广雅幼儿园　何妙玲）

作为幼儿教师，当你对自己的角色有了一定的了解，当你对自己的角色进行了适当的定位，当你知道自己应该做哪些工作时，你的班级管理工作也就有了一个良好的开始。

第二章
幼儿教师治班的理念确立

　　理念是人们在长期的实践中通过自己对实践的各种理性思考而形成的一些思想观念、哲学信仰以及对精神和理想追求的抽象概括。在幼儿园的班级管理中涉及的治班理念是幼儿教师在实践中生成的幼儿园班级管理的灵魂，是幼儿教师基于"要怎样去管理好一个班级"的深层次思考的结晶，贯穿在幼儿园班级管理的各项工作中。今天，很多幼儿教师对治班理念都有自己的一些思考。下面是几位广州市的幼教名师的治班理念。

　　与爱同行，润物无声；循循善诱，授之以渔；习惯养成，自主管理。

（广州市幼儿师范学校附属幼儿园、广东省特级教师　梁洁纹）

　　梁老师的治班理念包括三个方面的内容：治班的情感——以广博的爱来达到润物细无声的境界；治班的方法——注重引导，让幼儿不但知道怎么做，还要学会那样做；治班的效果——帮助幼儿形成良好的行为习惯，达到幼儿自主发展的教育目的。这三个方面的提炼能很好地指引幼儿教师开展班级的管理工作。

　　关注环境的因素，营造适合幼儿身心需要的、家庭式的环境氛围；关注幼儿的自主发展，提供多元化的学习内容与方法，支持幼儿在全面发展的基础上展现自己的个性；关注团队的建设，形成教师、家长、幼儿三位一体的教育共同体。

（广州市东方红幼儿园、广州市优秀教师　丘韶霞）

邱老师的治班理念是从治班环境、儿童发展、教育团队等方面来思考的。由于幼儿年龄小，教师要立足于营造一个自然的、生态的班级环境，给他们一种家的感觉；要提供多元的学习内容与方法，在促进幼儿全面发展的同时满足幼儿的个性需要；要发挥团队的力量，形成班级幼儿教师、幼儿和家长共同进行班级管理的合力。

情自激——兴趣自己生、热情自持续、审美自感受；行自定——操作自己做、探索自组织、合作自参与；理自明——问题自己提、道理自己说、规则自己定。

（广州市荔湾区广雅幼儿园、广州市优秀教师　何妙玲）

何老师的治班理念也是从治班的效果——幼儿的成长这个角度来提炼的，包括情感、行为、理智三个方面，注重幼儿的知、情、意、行等的培养，而且结合了现代的新儿童观——让幼儿自主发展——来思考自己的治班理念。

爱心——拥有一颗爱孩子的心，和孩子建立良好的关系，把班级管理建立在情感上；细心——善于观察孩子的行为，把班级管理落实到细节上；耐心——不厌其烦地引导孩子，把班级管理持之以恒地做好。

（广州市海珠区晓港中马路幼儿园、海珠区优秀教师　马倩媚）

马老师是在感情、细节、坚持三个方面去思考自己的治班理念的。教师应该带着一种爱的情感，在建立良好师幼关系的基础上开展班级管理工作；注意班级管理工作的细节，从幼儿的行为反应中不断地细化各个工作环节；"持之以恒"地做好班级管理工作，特别是注重引导幼儿的态度与实际行动。

用心播下爱的种子，一定能收获甜美的果实：用爱心和耐心赢得孩子的爱戴与信任；用真心和热心取得家长的理解与支持；用诚心和细心获得同事的尊重与团结。

（广州市花都区幼林培英幼儿园、花都区优秀教师　唐芸芬）

唐老师的治班理念突出了一个"心"字：爱心、耐心、真心、热心、诚心和细心。用心地在幼儿心田播种爱，赢得幼儿的喜爱；用心地与家长沟通，在家园共育上形成合力；用心地与同事交流，同心协力管理好班级。

以和谐、快乐为本，重视教师与孩子两者的可持续发展性：班级环境创设的和谐；师幼、同事、家园关系的和谐；教与学的和谐。

（广州市荔湾区广雅幼儿园、荔湾区好园丁　区泳仪）

区老师的治班理念在"和谐"上下工夫。班级环境的和谐，是教师对班级管理环境中物理环境与心理环境的和谐关注；师幼、同事、家园关系的和谐，是教师对班级管理工作中人与人之间关系的关注；教与学的和谐，是教师对作为教育对象的幼儿、对作为教育者的自己的一种发展的追求。

为幼儿积极营造一种肯定、激励、赏识、民主、宽松的氛围，以形成良好的班风，让幼儿学会学习、学会创造、学会生存、学会做人，最终成长为一名阳光儿童。

（广州市越秀区思媛幼儿园　邓晓新）

邓老师的理念比较朴实，是从班级文化建设的角度来叙述自己的治班理念的：要形成良好的班风就需要有一个良好的氛围，让幼儿在这种氛围中学会学习、学会创造、学会生存、学会做人，在良好的氛围和班级文化中培养出阳光儿童。

"理念引领着行为"。结合这几位幼儿教师的观点，本章将从情感、理智和行为三个方面对幼儿教师治班的理念做一个全面的论述。幼儿教师在确立治班理念时，应该从以下三个方面进行思考。

一、动之以情——用真心感染身边的人

人与人之间在进行交往、交流与沟通时，往往会把情感摆在第一位。动之以情，用真挚的感情打动对方，站在对方的立场考虑，理解对方、认同对方，这是一种境界。幼儿教师在确立治班理念的时候，最先考虑的就应该是"以情动人"这一点，即怎样用自己的真心去感染身边的人。

（一）拥有爱心——关爱身边的每一个人

以己之力助别人之需，这就是关爱的本质。关爱行动在我们身边无处不在，只要你多去观察，你就会发现自己的身边有许许多多的人需要别人的关爱。

关爱别人就等于是关爱我们自己。只有你关爱了别人，在你需要帮助的时候别人才会回报你，关爱别人是我们得到别人关爱的前提。因此，拥有爱心是"以情动人"的首要因素，也是治班理念确立的要素之一。幼儿教师在班级管理工作中，应学会爱护幼儿、关心家长、关照同事。

1. 爱护幼儿

幼儿教师要用关爱之心去打动幼儿的心。幼儿初到幼儿园，所面临的问题主要有两类：一方面是环境上的变化。在家里，幼儿拥有所有的玩具、用品和生活上的设施设备；在幼儿园里，却要和其他小朋友共用各种东西，玩玩具，甚至上厕所也要轮候。另一方面是情感上的变化。在家里，幼儿独自享受着父母和祖辈家长的爱；在幼儿园里，却要和小朋友们一起分享老师的爱，这种情感上的变化正是幼儿最难接受和必须经历的关口。在这样的环境和心理变化中，幼儿教师对他们的关心和爱护是关键的。要让幼儿能平稳地过渡到幼儿园生活中和逐渐喜欢幼儿园、老师、小朋友和班集体，幼儿教师就必须拥有一颗爱心，全心全意地去爱幼儿，用教师的爱来温暖幼小的心灵，用教师的情去感动不知所措的幼儿。

幼儿园不好玩

彦彦是家中的独子，备受家人宠爱，在家里都是他说了算。平时就是他和妈妈待在一起，爸爸上班较忙，没空管他。妈妈有时做事，他就自己玩汽车，较少与邻居孩子一起玩。这样的孩子一下子就到有一定规则的集体环境中，自然会有诸多的不适与焦虑。

在幼儿园里，孩子们要过集体生活，而集体生活客观上要求大家要在各项活动中具有一定的规则意识，这对于他们来说是一个挑战，需要一定的适应期。所以，等初来幼儿园的新鲜感和好奇感一过，他们就不愿意来园了。这不彦彦从第三天开始就不喜欢上幼儿园了。

我们主动与其家长进行沟通，向家长分析"彦彦刚开始喜欢上幼儿园，为什么过了几天却哭着不来"的原因。彦彦家长听后觉得很有道理，继续坚持送他上幼儿园，鼓励彦彦遵守规则，适应集体生活。同时，我还提醒家长要注意教给彦彦一些与他人交往的方式，在双休日要抽空带彦彦与同龄人一起玩，帮助彦彦学会和其他小朋友共享玩具，感受和其他小朋友一起玩的乐趣。

在幼儿园的日常生活中，我们强调小步递进原则。通过语言、眼神、肢体动作不厌其烦地一遍遍告诉彦彦什么能做、什么不能做，使彦彦逐渐明白了上幼儿园要遵守一些规则。

面对幼儿所表现出来的不同的分离焦虑情况，如果教师能够分析其焦虑的原因，采取不同的应对措施并进行有针对性的强化教育，同时家园合作且进行一致的教育，那么孩子一定会尽快适应幼儿园的生活，较快地度过入园焦虑期。

（邓晓新）

2. 关心家长

幼儿教师要用关爱之心去感动家长。当家长把自己步履蹒跚、还不能完全自理的孩子放到幼儿园时，心里都难免担心：孩子在幼儿园哭了吗？被人欺负了吗？孩子吃得怎么样？睡觉时教师是否给孩子盖被子了……这时的家长最需要幼儿教师的关心。因此，幼儿教师应具有明确的为家长服务的意识，力图做得使家长安心、宽心、舒心、放心。如果教师能在迎接幼儿入园时多一点笑容和亲切的问候，家长就多一份安心；如果教师能把幼儿在园的生活情况及时地反馈给家长，家长就多一份宽心；如果教师能经常向家长汇报幼儿的成长细节，家长就多一份舒心；如果幼儿在幼儿园里身体、心智、能力等都能得到很好的发展，家长就多一份放心……这样的"以情动人"最能产生特殊的效果。

罡罡妈妈放心了

新学期开学了，我们班新转来了一名幼儿，叫罡罡。我通过日常细心的观察发现，他的发音不大正确，与他人沟通时有点困难，需要别人反复讲述才有反应。在家访时，我了解到罡罡的双耳听觉能力比较弱，他的妈妈也担心这个问题，怕他入园后不适应。我建议其家长及早带孩子去医院检查，了解罡罡的问题是由生理原因造成的，还是行为习惯上出现的问题。

国庆节过后，罡罡妈妈特意带孩子去香港检查，被确定为先天听觉较弱，大概是正常人听力的 70% ~ 80%，进而对他的语言学习造成一定的影响，导致他不敢说、说话没自信等。在医生的建议下，罡罡佩戴上了助听器。由于每天中午都要把助听器摘下来才可以睡觉，我特意向罡罡的妈妈学习怎样为孩子摘、戴助听器。在每天的班级生活与学习活动中，我也会特意关照他，鼓励其他的小朋友一起关心他……随着时间的推移，在老师和小朋友们的关心、爱护下，罡罡能自然地参加班级里的各项活动了。见到自己的孩子在幼儿园里得到贴心的照顾，罟罟的妈妈很安心地去工作了。

（区泳仪）

3. 关照同事

教师要用关爱之心去关心和照顾自己的同事。一个人的力量是渺小的，幼儿园的班级工作需要几位教师互相配合、共同协作，同时也需要与班级外其他同事的沟通与协调，这样的工作合力是巨大无比的。所以，在幼儿园的班级管理工作中，同事之间的互相照应是很重要的。在领导下达了繁重的任务后，如何协调分工能按时、按量、按质地完成任务；在每天琐碎的日常工作中，如何各尽其职以默契的行动去做好每一件事情；在开展教学活动的过程中，如何相互配合保证教学活动的顺利进行；在教育个别幼儿的时候，如何前后呼应使大家的教育行为保持一致性；在同事的家庭或自己需要别人帮助或照顾的时候，如何伸出援手共渡难关……这样的"以情动人"是共同合作的基础。

共同承担课题研究任务

这个学期王老师承担了一个区级科研课题。当她接到此课题研究任务后有点担心，怕因为自己承担了科研任务而加重了班级同事的工作量。有好几天，王老师都没敢和我们说，只是自己闷在心里。

当我知道了这个情况后，就主动地安慰王老师，让她不要担心，把课题的任务拿出来，大家一起讨论一下，看看如何开展研究工作。王老师听后很感动，马上和我们商量如何设计研究的方案，如何把研究的工作融合到班级的工作里去。在我们的共同努力下，不但顺利地完成了研究任务，我们的科研能力也得到了很大提高。

（李麦浪）

（二）拥有耐心——给予大家最大的宽容

幼儿教师应拥有耐心，即内心不急躁，对任何事情，即使是十分烦琐无聊的事情也不会感到厌烦，并能坚持一件一件地去完成，这就是耐心的真正含义了。耐心是人类意志品质的一个方面，是我们事业成功的关键因素之一，也常常作为一个人心理素质优劣、心理健康与否的一个衡量标准。在确立"以情动人"治班理念这一点上，幼儿教师的忍耐和宽容之心是很重要的。拥有耐心不仅对教师的工作有帮助，对教师的人生道路也有很大的影响。在班级管理方面，幼儿教师的耐心主要体现在接纳幼儿、宽容家长和认同同事三个方面。

1. 接纳幼儿

幼儿教师应以平等的态度对待幼儿间的差异。幼儿来自不同的家庭，受先天因素和后天家庭生活环境的影响，他们在体质、性格、习惯、能力等方面都有着不同的差异。面对这些差异，教师除了以正确的儿童观、教育观来看待它们外，以耐心来对待它们也是很重要的。拥有耐心能使教师最大程度地把自己的爱心传递到每一个幼儿心中，并能把周而复始的班级日常管理工作做得更好。

2. 宽容家长

幼儿教师应以理解的态度对待家长的各种要求。从市场经济的角度看，家长花了钱送自己的孩子到幼儿园接受教育，他们是有权利享受幼儿园的优质服务的。特别是在幼儿刚刚进入幼儿园或者幼儿处于低年龄段的时候，家长会更多地从自己的角度出发，对幼儿园、班级环境以及幼儿教师提出诸多的要求或意见。如果幼儿教师能以宽容大度的姿态从容地面对这一切，在充分理解家长的基础上去分析家长的意见，在不违背教育原则的基础上接纳家长的意见的话,就能和家长在感情上更加接近,我们的班级工作也就能更加顺利地开展。

老奶奶的愤怒平息了

一天,盈盈的奶奶来接孩子。看到孩子一天居然换了三套衣服,就大叫起来:"怎么搞的?带这么多的衣服都换了?"我耐心地向盈盈奶奶解释,孩子在幼儿园的体育活动中很活跃,出汗很多,因此换衣服也勤,怕孩子感冒了。奶奶还是不解地问:"上午一套,下午一套还不行?"我马上介绍了盈盈在幼儿园体育活动中的出色表现,奶奶听着听着脸色就和悦多了,也不再执著于孩子的换衣服问题了。可见,在和家长沟通的时候,耐心、宽容地对待家长,适当地转换方式,通常情况下是能得到家长的认同的。

(李麦浪)

3. 认同同事

幼儿教师应以开放的态度对待同事的各种意见。幼儿园的班级工作非常琐碎,班级里或班级间的同事都可能有自己的工作方式和做事情的习惯,因此在完成班级各项工作上可能存在不同的意见。某些时候,如果大家对做某一件事情的意见不统一,可能就会直接影响班级的和谐气氛,间接影响幼儿的发展。因此,幼儿教师应该有一种开放的心态,主动地了解同事的意见,求大同存小异,协调各自的工作方式,在班级的工作中积极地配合,以便顺利地完成班级任务。在工作中互相认同与体谅,才能在感情上主动靠拢,这样才能充分地体现"以情动人"的治班理念。

"六一"儿童节的活动准备

为了迎接"六一"儿童节,幼儿园要举行一个大型的亲子体育运动会,各个班级都需要负责其中一些运动项目的材料准备工作。我们班要准备的材料是"投掷"项目中的沙包和"立定跳远"项目中为了让孩子看得清楚而用橡皮绳扎上小花的"起跳线"。起初,李老师想,班上既然已经有现成的小沙包,正好不用做了。但我觉得这些沙包比较旧了,而且也不结实,万一在亲子运动会上坏了、散了怎么办,于是就想再做一些。李老师却认为大家都这么忙,哪有时间做这些。为此,我心里有点不愉快。时间很快就要到"六一"儿童节了,这项任务还没有完成。为了能尽快完成工作,我再一次和李老师商量,她一脸不高兴地说:"那就中午值班的时候做呗。"

到了中午,我主动放弃了休息的时间,一边动手向李老师学习如何做沙包和扎小花,一边夸奖李老师的手巧。李老师在看到我笨手笨脚地被针扎到手的时候,关心地抚摸了一下我的手并不时地提醒着我……通过她那充满关心的神情,我知道我们的心已经连在一起了。

(李麦浪)

(三)拥有细心——关注身边人员的反应

幼儿教师应用心细致地做好每一件工作,事事注意观察,处处留意细节。事实上,细心是一种心理素质,需要幼儿教师在班级管理的实践中逐渐培养,只有我们努力地培养细心的素质,才能真正地运用自己的"情"去感动别人,关心和爱护身边的人,才能形成工作的合力提高工作效率。幼儿教师细心处事,就可以逐步地做到工作有条不紊,做事沉着稳当,待人明察秋毫。因此,幼儿教师拥有细心也是确立"以情动人"治班理念的要素之一。

1. 观察幼儿,了解幼儿的实际状况

通过参与到幼儿的实际生活中观察幼儿的行为和活动,教师可以描述在什么情境中幼儿在进行什么样的活动,有谁或有什么涉及其中,事情发生在什么时间和什么地方,是如何发生和为什么发生的,等等,以此来了

解幼儿与幼儿之间、幼儿与事件之间、事件与事件之间的各种关系，恰当地解释幼儿的行为，正确地理解幼儿，更好地促进其发展。只有细心观察，教育措施才能到位，而教育措施的到位，才能把教师的"情"体现出来。幼儿教师每天都与孩子们生活学习在一起，只要我们有高度的自觉性，有明确的观察目的，有适度参与、敏锐观察、客观记录和分析的能力，我们就能观察和了解幼儿。

用问题来引导

教师在教学活动中要注意营造一种平等、友好的氛围，要鼓励幼儿大胆发言。当幼儿的问题或回答偏离了议题时，教师也要想办法进行引导，而不是进行消极的打击，这样幼儿才有兴趣和信心继续思考与探索。要做到这些，教师就必须学会观察孩子。

在有关"蚕宝宝吐丝"的讨论活动中，教师的原意是让幼儿通过讨论、交流了解蚕吐出来的丝有什么作用。但孩子们的思维跳跃很快，一下子就转到蜘蛛吐丝上了。

小淳：蜘蛛把吐出来的丝织成网，挂在树枝上，可以粘住别的昆虫。

小钰：对呀，蜘蛛把丝结成网，抓昆虫来吃，没有抓住的话就会饿死了。

小隽：蜘蛛不会饿死的。

教师：那蚕宝宝吐的丝能不能粘住昆虫呢？

小钰：不会粘住昆虫的，因为蚕宝宝不吃昆虫的。

小淳：蜘蛛的嘴巴有个吐丝口，吐出来的丝可以把自己吊在树枝上。

教师：那蚕宝宝的嘴巴有吐丝口吗？

孩子：有！（孩子们对这个答案都很肯定）

小桐：如果没有吐丝口就吐不了丝啦。

教师：你们知道蚕宝宝吐出来的丝有什么作用吗？

教师看似不经意的两个问题非但没有打击幼儿讨论的积极性，还打开了幼儿的思路,让他们了解得更多,而最后的讨论也回到了主题上。只有在这样的讨论氛围中,孩子们才会敢于发言、乐于发言。当每个人都能大胆发表自己的意见时,思维的碰撞也就随之出现,灵感的火花也就会迸发出来。

(丘韶霞)

2. 分析家长,理解家长的不同需求

按照我们国家的生育政策,目前3—6岁幼儿的家长一般都是独生子女,特别是由两名独生子女组成的新家庭越来越多,这些本身就是独生子女的父母大多富有个性。正是由于家长个人的性格、喜好、习惯互不相同,他们才会从各自的需要向幼儿园、教师提出不同的要求。幼儿教师面对这类家长,就更应该用心地去了解和理解家长,理解他们对孩子的期望是什么,了解他们对幼儿园的要求是怎样的,分析他们对班级工作的意见……这样才能从情感上去接近家长,用"情"去打动家长,有针对性地开展各项工作。

有效的解释与引导

晓萍的爸爸对孩子特别严格,要求晓萍在家里、在幼儿园里都要做到最好,只要有一点儿做得不好就批评她,很多事情都要按照他的想法来做,妈妈和晓萍都要听他的。

一天放学,晓萍的爸爸来接孩子,当他看到晓萍的绘画作品没有像别的小朋友的那样运用很多的色彩时,就批评晓萍不会画画,没有用脑子。晓萍一脸不高兴地转过脸来,用求救一样的眼神看着我……我还没走到他们面前,又听到晓萍的爸爸说:"我小时候可没有这样好的机会学习画画,你有这么好的机会,有这么多的色彩都不好好地用,真是……"听了晓萍爸爸的话,我明白晓萍的爸爸抱有一种补偿的心态,总想把自己以前没有得到的都要让孩子得到,自己没有做到的都要孩子做到,甚至不顾孩子的

身心发展特点和现有的能力。于是，我走到他们面前，先表扬了晓萍的绘画作品内容很丰富、绘画的线条也很流畅，然后告诉晓萍如果能用其他的颜色补充进来，画面就更好看了。晓萍马上搂着我的手，一边点头一边腼腆地笑了。

我还耐心地告诉晓萍的爸爸如何看待孩子的实际能力，如何在肯定孩子优点的基础上再提出更高的要求。相信晓萍爸爸已经了解和理解到其中蕴涵的科学育儿的奥妙了，这不第二天晓萍来园的时候就拿来一张画，说这是她爸爸和她一起画的……

（李麦浪）

3. 了解同事，达到工作的相互默契

在班级的管理工作中，如果幼儿教师能细心地观察和了解同事，特别是在工作方式、做事程序、习惯动作、语言和表情的运用等方面有了充分的了解后，进而由相互的了解到相互的理解，大家在工作的过程中就能自然而然地建立良好的感情基础，而建立在良好感情基础上的工作关系是比较稳定的关系，很容易达到"以情动人"的效果。当然，工作中教师还应履行各自的责任，保持稳定的个人情绪，处理好自身的各种心理困惑。

当同事需要时

我们班的周老师很喜欢用一些小贴纸来奖励在生活、学习、游戏上积极主动的孩子。一天，她先带孩子到楼下户外活动去了，我由于要给孩子们倒好他们一会儿回来后要喝的开水，稍迟了一些下去。当我走到门口时发现，平时周老师用的小贴纸还在教室，就顺手把它们放进口袋里带了下去。当走到周老师和孩子们身边时，就听到周老师一边表扬微微小朋友，一边把手伸进自己的口袋里，接着表情就有点儿不自然了……见状，我马上把小贴纸递到周老师的手中，然后对她会心地一笑。活动后，周老师向我表达了谢意，说我为她解围了，不然她在小朋友面前会很尴尬的。我想

这就是我们因为互相了解而达到的互相默契吧。

（李麦浪）

二、晓之以理——深入浅出，讲明道理

在班级管理过程中，建立良好的班级教育教学秩序是很重要的。这种秩序不仅存在于幼儿群体里，也存在于家长、教师群体里。关于3—6岁幼儿，他们对各种事物和规则似懂非懂，要建立秩序并不是一件很容易的事情；关于家长，他们多从自己孩子的角度出发，对幼儿园的教育、对教师的工作不甚理解；关于教师群体，他们也会因有不同的思想而产生不同的观点和行为。因此，"晓之以理"就要求教师注意个人的修养，保持理智和清醒，运用生动的语言，根据不同的人群与特点进行"说理明道"。

（一）拥有头脑——保持清醒的头脑

幼儿教师应拥有一颗智慧、清醒、活跃、敏捷的头脑进行思考，指挥自己的"说理明道"行为。

头脑清醒的人，往往不容易因环境、事情的变化而改变自己平衡的心理状态，而头脑模糊的人，一遇到事情的变化或受到一定压力，就容易惊惶失措。一个人头脑不清醒就容易犯糊涂，一个班级团队成员头脑不清醒就容易陷入工作的混乱之中。保持清醒的头脑，不仅有利于幼儿教师个人的发展，也有利于在班级工作复杂的现象中抓住主要矛盾，分析不同的问题，使班级管理工作不偏离方向。

幼儿教师在治班的过程中，保持清醒的头脑，处于一种清楚明白、不急不躁的状态下，就能用宽容的心态去面对不同年龄段的幼儿，就能用清晰的思维去处理幼儿的各种事情，就能用清楚的语言来深入浅出地给幼

说明道理。

幼儿教师在治班的过程中，保持清醒的头脑，处于一种冷静、自然、不混乱的状态下，就能用平和的心态去面对不同个性的家长和社会人士，就能用敏捷的思维去分析他们的意见，就能用简单明了的语言来解释各种事情的缘由。

幼儿教师在治班的过程中，保持清醒的头脑，处于一种和谐、默契、不对立的状态下，就能用开放的心态面对自己的同事或领导，就能用活跃的思维去接纳大家的不同意见，就能用丰富的语言来归纳众人的想法和说明自己的意愿。

保持清醒的头脑，是一种智慧，能使自己拥有一颗平静的心灵，遇事保持冷静和镇定；也是一种能力，能对自我的工作进行反思，从而弥补自己工作的失误。

"小保安"的纷争

角色游戏开始啦！今天新增了小保安服装和道具，我刚一介绍完活动的要求，好几个男孩子就一窝蜂地跑到了"小银行"的旁边争抢保安服。

"我先拿到保安衣服的，我来做保安！"宁宁说。

"是我先拿到的保安卡（角色牌），我来做保安！"坤坤说。

"我长得高，我来做保安！"非凡不服气了。

大家推推挤挤，谁也不服谁，怎么办呢？

开始，我有点着急，想去进行干预。但转念一想，越是这个时候，越应该保持清醒的头脑，这样才能更好地去引导孩子啊。

我深呼了一口气，走过去问他们："商场、银行和酒店为什么要有保安呢？"

非凡说："保安可以保护大家，像警察叔叔一样。"

我又问："怎样的人才能做保安呢？"

宁宁说："要不打架，爱护大家的人才能做保安。"

听了这话，非凡把抢衣服的手松开了。

接着，我又问："平时在玩角色游戏活动时，老师是怎样要求你们做工作人员的呢？"

坤坤说："小朋友要先商量，商量好了谁做工作人员就把工作卡戴上。"

宁宁把扯着小保安制服的手也松开了。

"那你们说，现在怎么办呢？"我再问三个小男孩。

三个小男孩都不说话，显然他们还是不想让给别人。

"我们暂时不做保安，你们三个先商量一下，商量好了再来找我哦！"我建议。

我拿着小保安制服到了旁边的"烧烤店"，不时地回头关注他们：之前大家都不谦让，后来非凡跟其他人说了几句话，其他人就点头同意了。我轻轻地走过去听取他们的商量结果。

"唐老师，我们商量好了，我们要三个保安，但是轮着做，宁宁先做保安，然后到坤坤，最后到我。"非凡告诉我。

"嗯，我们每人做10分钟。"坤坤也同意了。

于是宁宁先穿上了保安制服，在游戏街巡逻。坤坤进了烧烤店吃东西，非凡站在"小银行"等着。

"非凡，小食店还少一个服务员，你快点来呀！"小食店里的昕然对着非凡喊。

"不去，我要等着做保安呢！"非凡回答。

还有20分钟才轮到非凡呢，不能就这么让他干等着呀！我走过去对非凡说："非凡，我肚子好饿呀！我想去小食店吃东西，你先去小食店帮忙，一会儿时间到你了，我提醒你回来，好吗？"非凡同意了，于是，我和非凡一起进了"小食店"。

等非凡挂好"服务员"的牌子，拿了食谱出来，我开始点餐，非凡做登记。

"有小笼包吗？"

"有,你要几个?"

"两个,还有一碗面条。"

"要不要饮料?"

"要豆浆。"

……

一会儿霏霏和淇淇来了,再一会儿,阳阳来了,他们点了不少食物。非凡忙着招呼客人、收钱,不亦乐乎。

10分钟时间到了,我提醒非凡去接坤坤的班,非凡摆摆手说:"今天我不去了,下次再去,我觉得做服务员也很好玩,我也很喜欢。"

一直到活动结束,非凡都在"小食店"做服务员。

(唐芸芬)

(二)拥有理智——注意理性的思考

幼儿教师应拥有理智,能以认识、理解、思考和决断的能力去开展"说理明道"。受职业场所的限制,幼儿教师接触最多的是3—6岁的幼儿,因此幼儿教师往往长时间沉浸在"童话世界"般的具体和细致的工作中,不能把这些具体而实际的问题上升到理性高度来思考和认识。在心理上,特别是语言、情感、思维等都会处于感性的状态下,在遇到各种事物的时候就难免缺少理性的思考,只凭自己的感性认识去理解和处理,这样往往容易发生有理讲不清的现象。

理性思考是感性认识上升到理性认识过程中分析研究的活动。幼儿教师在进行理性思考时,需要注意以下几点:

1. 控制自己的情绪

幼儿教师不能让情绪影响自己的判断,要保持冷静的头脑,特别是在教育教学工作中有思想冲突、意见不一的时候,要能以相对平静的心态面对幼儿、面对家长、面对同事，思考问题和找到解决问题的方法，并能在心平气和的状态下把道理说清楚，使大家能达成共同的意见。

铭铭终于午睡了

班上的铭铭午睡时总不能好好地睡觉，喜欢重复老师的话。每当我走到他的身旁，还没说什么，他就已经把我曾说过的话说出来了——"你想干什么？""闭上眼睛睡觉好吗？"……对于这样的孩子，除了给予更多的爱和耐心外，还能做什么呢？

我和铭铭的家长谈起此事，想深入了解其在家中的具体情况。但家长对此事却不屑一顾，还强调自己的孩子自小就睡得不多，尤其是中午，还要求我们不要让铭铭午睡这么久，我听了觉得好笑又好气，一时不知道说什么好。我只有耐心地向家长解释午睡对孩子成长发育的好处，解释幼儿园的作息时间以及班级工作的要求……铭铭家长在听完我的详细解释后，终于能够认真地和我一起分析问题产生的原因，答应和幼儿园共同努力改善铭铭的行为，并每天以书面或网络形式记录铭铭的表现。在我们的共同努力下，铭铭的情况慢慢地好转了。

（梁洁纹）

2. 站在不同的角度思考

幼儿教师要尽可能地脱离自己的身份、地位和利益，站在幼儿、家长和同事的角度或站在维护公共利益的角度进行思考，较大程度地保持自己的理性思考能力，理智地把各种不同的意见综合以来，再从不同的角度把道理说清楚，处理各种事情。

让家长参与教育活动

珊珊是个比较内向、适应性较差的孩子，每天早上来园时都要哭闹一番，每次在老师的鼓励下都能逐渐融入幼儿园生活，而且也很开心，但第二天早上还是要哭。家长为此不相信我们反映的情况,怀疑老师没有照顾好孩子,有意隐瞒。我们便主动邀请珊珊的爸爸来幼儿园当"爸爸老师",请喜爱运动的他组织孩子们玩相关球的游戏。孩子很开心,珊珊也无比自豪。受到这一事件积极情绪的影响,珊珊再也没有出现哭闹的现象,而且自从这之后,珊珊也变得开朗多了。珊珊爸爸在活动中不仅了解了自己孩子的表现和进步,更了解了老师对孩子细心的关爱和付出,从而在情感上接纳了老师。

有时,家园之间的相互理解,光靠我们教师自己去说、去"标榜"是不够的。它不仅需要家长和教师之间的换位思考,更需要换位行动,"爸爸老师"正好为家长提供了这样一个平台,让"爸爸老师"用他们自己的切身感受更真切地理解教师的辛苦付出。只有这样,才能让家长更真诚地与老师合作。

(马倩媚)

3. 抓住问题的重点

由于幼儿年龄小,记忆能力与自我控制能力不强,于是教师就形成了一种重复地说某些要求的习惯。而实际上这些大道理对于学前阶段的幼儿来说是没多大用的。教师应该抓住这个年龄段幼儿的特点,用一些游戏的口吻来引导幼儿,效果可能会更好。

小鞋子要放好

每次午睡的时候,孩子们都把鞋子扔得到处都是,说了好多次都改不了。一天午睡起床的时候,浩明光着脚丫子来找我:"老师,我找不到另外一只鞋子了。""你先看看是不是睡在你旁边的小朋友穿错啦?""不会的,我的鞋子是有写名字的。""好的,我们一起再找找。"

结果,我们在床的另外一边找到了那只鞋子。第二天准备午睡时,大家都坐在床边。我想,幼儿年龄还小,任凭我们怎么说大道理,他们都未必明白，用游戏的口吻也许能让幼儿明白如何放好自己的鞋子。

于是，我说："小朋友的白布鞋真干净，多像小白兔的长耳朵呀！等一会儿上床以后，请你们把小兔子的耳朵都藏在小屋里（床底下），可不要让大灰狼发现啊。"

小朋友还真的信以为真了，他们很用心地把鞋子藏在床底下，还小心地不超出床的边界，似乎很担心大灰狼真的会把小兔子带走。这样一来鞋子摆放得既美观，又保证了通道畅通，不会再出现小朋友不小心把鞋子踢到其他地方的情况了。

（区泳仪）

4. 提升自己的经验

幼儿教师要勤于思考、善于思考，能够把大量的感性材料通过理性思考后认真地总结和提升，使之从经验层次上升到理论层次，也就是上升到理性认识，总结出带规律性的东西，用以指导今后的工作。

如果一位教师在教育实践中，能思考幼儿园内发生的每一件事情的内在意义，留心自己的行动对自己身边的人、事、物所带来的影响，那么，这位教师就一定能及时地吸取教训，为达到改善自己工作的目标而努力地调整自己的行动方式。

（三）拥有修养——不断地自我修炼

幼儿教师应注重自己的情感、意志、言行和习惯等个人素养的修炼，因为良好的个人修养是一种无形的力量，能约束我们的行为，帮助我们更好地进行"说理明道"。此外，我们自己只有具备良好的修养，才会被他人所尊重。在班级管理方面，幼儿教师应该修炼自己的个人魅力，树立自己的威信，注重自己的言行。

1. 个人的魅力

一个人是否有魅力，除了天生的因素外还可经过后天的环境和教育培养而成。除了姣好的外貌给人带来的好印象外，个人魅力更体现在内在素质对人产生的影响。有魅力的幼儿教师在"说理明道"的过程中更显优势。

2. 教师的威信

威信是指个人或组织改变、控制人们心理和行为的影响力。[①]幼儿教师的威信体现在以其稳定的心理素质、广博的知识和良好的人格魅力对幼儿、家长及同事所产生的影响力上。有威信的幼儿教师能更好地"说理明道"。

为孩子制订食谱

欢欢是班上新来的小朋友，她的家长看到我们班级的两位教师都特别的年轻，总有点担心我们不能照顾好孩子。在平时的谈话中看得出，她的家长对我们的担心主要是生活方面的。经过一段时间的观察和了解，我们知道欢欢在家里吃饭是一个大问题，总不能好好地吃，但在幼儿园里却吃得很好。于是，我们特意拍下欢欢在幼儿园里吃饭的照片和录像，向欢欢的家长介绍幼儿园的食谱，请家长在家里也做一些适合孩子的食物，家长听了以后也很乐意去尝试。结果欢欢在家里吃饭的情况大为好转，欢欢的家长对我们的认识也大为改观了，觉得还是幼儿教师有办法，在教育孩子方面是专家。原来教师的威信是可以在这样一点一滴的小事中建立起来的。

（马倩媚）

[①] 林崇德，等，主编. 心理学大辞典[M]. 上海：上海教育出版社，2003.

3. 语言的特色

语言特色泛指某一语言相别于其他语言的风格特点。文化背景和交流情境的不同，使人们的交流方式存在差异，从而形成不同的语言特色。幼儿教师由于其工作环境和工作对象的特殊性，其语言特色十分明显，特别是在口语上有明显区别于其他工作岗位人员的语言风格。比如，说话时音调偏高，语速稍慢，等等。幼儿教师应注意培养自己的语言特色并充分地发挥语言特色在教育幼儿中的作用。

"小舞台"前的对话

角色活动区的"小舞台"上热热闹闹的，大家都在忙着给自己"打扮"。可是忙了半天，就是没看到一个完整的节目，一轮喧哗过后只剩下凌乱的舞台。

小文：你们的舞台好乱啊！

小诗：怎么还不见你们表演？

大家似乎都不知道应该怎么办。

教师：咦？你们的老虎、狐狸头套很可爱，我也想来看看。你们什么时候开始表演呀？

小诗：他们都不会表演的，就是在台上走来走去。

小洋：都没有观众，不表演！

教师：要不我们来做观众，怎么样？

小文：好啊！好啊！区老师过来，我们也过来。

两个小女孩积极地搬来三把小椅子，我们三人坐了下来。小演员见大家都很支持他们，就开始商量故事表演，作为观众的我们还找了一些为他们加油打气的小道具。

中班孩子游戏的目的性较差，教师的语言引导非常重要，以"观众"的角色介入孩子的游戏，孩子们比较容易接受这种形式，在得到教师有效语言的鼓励下，他们在表演的时候就玩得更投入了。

（区泳仪）

4. 恰当的行为

言传身教是教师实施教育之本。除了用语言"说理明道"外，幼儿教师还要用行动来示范。幼儿的模仿力强，教师适宜的行为举止为幼儿做出了良好的榜样示范。因此，教师恰当的教育行为既适合幼儿的年龄特征与发展特点，也能对幼儿认知、情感与社会行为的发展产生积极的促进作用。

严慈有度

虽然说对幼儿要充满关爱，但爱也要有原则。不管幼儿处于哪个年龄阶段，只有建立良好的班级常规、形成良好的班风，才能保障幼儿身心健康的发展。而班级常规的形成，就要求班里的老师对幼儿的要求要持久、一致。如果这个老师这样要求，那个老师那样要求，或者今天这样说，明天那样说，孩子就会不知所措，不知究竟该怎样做。比如，我们班炜炜是一个非常聪明又能干的孩子，经常会主动地帮老师做一些力所能及的事，深得老师的喜爱。一次，王老师让炜炜和她一起去准备户外活动的材料，为了让炜炜能早点去帮老师的忙，王老师就让他插队在排队接水喝的幼儿前面。我见了之后，把王老师拉到一边，觉得她这样做对其他孩子是不公平的，也破坏了幼儿的常规。王老师听后也意识到自己的行为欠妥，她向其他小朋友道了歉，其后让炜炜重新排到队伍的后面等候接水。后来我和班里的老师约定，不管喝水还是洗手，老师和小朋友一样，要遵守规则，排队轮候。不能因为赶时间，或是因为宠爱某个孩子而失去原则，要做到严慈有度。

（唐芸芬）

三、持之以恒——坚持一贯，适度要求

幼儿园班级管理的对象是班级里的人、事、物。由于学龄前幼儿正处于直觉行动思维和具体形象思维阶段，具有活泼好动、抑制能力不强、无意注意为主等年龄特点，这就决定了幼儿园班级管理的的特殊性。幼儿教师在班级管理中应以"持之以恒"的理念，坚持一贯的、适度的要求，特别是对各种常规都必须长久地坚持下去，面对幼儿的事情能以恒心和耐心对待，以达到班级管理的最大效益。

（一）拥有坚持——要求要有一致性

幼儿教师在班级管理的过程中意志要坚定，要有耐性，要能持久地坚守各种准则，以实现有效的班级管理。坚持是意志力的完美表现，也常常被认为是事业成功的一种代名词，同时也是教师应具备的优秀品质之一。在班级管理方面，幼儿教师应该努力做到幼儿园教育和家庭教育、成人行为和孩子教育以及班级教师之间教育行为的一致性。

1. 坚持幼儿园教育与家庭教育的一致性

特别是在帮助幼儿建立生活常规、学习常规的时候，家庭和幼儿园对幼儿行为的各种要求、教育方法应是一致的，以形成教育的合力。因此，幼儿教师应及时把幼儿园的教育内容以及要求幼儿完成的任务，反馈给家长，要求家长在家里给予必要的讲解和提示，鼓励孩子自己动手操作，以养成良好的习惯。

2. 坚持成人行为与孩子教育的一致性

凡是要求幼儿做到的事情，成人自己首先必须做到；凡是成人要求幼儿不要做的，自己必须坚持不做。这样，才能给幼儿树立一个良好的学习榜样，达到潜移默化、言传身教的作用。

老师，请喝水

一天，我与颖瑜、莉莉一起玩游戏，由于有些感冒，喉咙很干，说话的时候轻轻地咳了一下。莉莉马上走到我的桌子旁，拿起我的杯子装了一些开水，递给我说："老师快喝水，喝水就不咳了。"颖瑜也用手轻轻地拍我的后背……我连声地谢谢她们，她们却说："老师，你平时也是这样关心我们的。""我咳的时候，你也让我多喝水。"原来，平日里连我自己都没察觉的举动，竟然深深地埋在孩子们的心田里，让他们学会了感恩。我们整天都在说该如何科学地教育孩子，其实我们大人自身就是孩子最好的老师，我们的行为就是教育孩子的最好方法。

（区泳仪）

3. 坚持班级教师之间的教育行为一致性

在一个班级里，幼儿教师的行为是幼儿学习和模仿的对象，教师之间教育行为的一致性同样会影响到班级的管理。如果大家的意见不一致，很容易造成幼儿认识上的混乱，导致幼儿无所适从。

娃娃不知放在哪里

在中班的娃娃家里，放着一个很可爱的娃娃，大家都爱跟她玩。上午，王老师要求小朋友玩过后要把娃娃放回小床上。于是，孩子们游戏结束后，就把娃娃放到小床上了。到了下午，方老师却说，玩过后要把娃娃放到柜子里，小朋友告诉方老师上午王老师要大家放在小床上的，但方老师说：" 我叫你们放到柜子里就放到柜子里。" 小朋友只好把娃娃放进去。第二天上午，王老师看到小朋友把娃娃放在柜子里，就不解地问：" 为什么把娃娃放在柜子里，而不放好在小床上？" 小朋友看着王老师不知所措。

同一班级的幼儿教师如果意见不统一，对孩子的要求不一致，那么在培养孩子的常规方面则不会取得很好的效果。

（梁洁纹）

（二）拥有尺度——要求要适合幼儿

在班级管理过程中，幼儿教师应注意依据不同年龄段幼儿的心理发展特点提出不同的要求；按照幼儿的个性差异采取不同的处理方式；根据不同环境和场合中的具体情况采用不同的方式方法。只有这样，教师对幼儿实施的教育才是适度的。

1. 对幼儿心理发展特点的把握

把握好幼儿的心理年龄特征，是幼儿教师开展教育活动的前提条件，是正确进行教育工作的依据和出发点。幼儿的心理特点在其发展的每一阶段都会产生各种质的变化，呈现出这一年龄阶段的特点。幼儿教师只有对幼儿各个不同年龄段的典型的、本质的心理特征有所了解和理解，才能依此提出合理的要求。

小标记，来说话

在区域活动里，玥玥和东东吵起来了，玥玥说：" 我也想玩这份材料，老师说过，这份材料是两个人合作玩的。" 东东说：" 是我先拿的，老师好像没有规定是两个人玩的。" 这时候，旁边的晴晴说：" 是的，老师说过放在上面的一层材料是两个人玩的，放在下面的是一个人玩的。" 东东马上对我说：" 马老师，是这样的吗？有规定吗？" 见孩子们对区域材料的操作形式不是很了解,于是,在区域活动结束后,我和孩子们商量:"有什么好的方法能让大家很明确地知道哪些材料是一个人操作的,哪些是两个人合作操作的呢?"有的说:"把一个人操作的和两个人操作的分开放在两个柜子里。"有的说:"可以在材料上方画上小标记,一个小人图案的就表示一个人玩,两个小人图案的就表示两人合作玩。"讨论到最后,大家觉得在托盘上贴标记最好,这样既清晰,又不会弄花材料。于是,我们就在放材料的托盘边上贴上笑脸,贴一个笑脸就表示一个人玩,贴两个笑脸就表示两个人合作玩。在以后的区域活动里,大家一拿到材料,就很明确地知道是一个人玩还是两个人玩了。

(马倩媚)

大班的孩子已经能用语言很好地表达自己的意见,也具有初步的分析能力了,许多事情可以通过和幼儿一起商讨来解决,这样更能得到幼儿的认同。通过上述案例我们可以发现,只有对幼儿的年龄特征有比较清晰的了解,才能在了解幼儿心理的基础上,根据实际的情况引导幼儿,才能取得良好的教育效果。

2. 对幼儿个体差异的把握

由于幼儿各自家庭的生活条件、教育条件不同以及先天的素质、性别差异,幼儿的身心发展的速度、方向也可能有所不同,这就导致幼儿间存在着不同程度的个体差异。同一年龄不同性别的幼儿、同一年龄同一性别的幼儿在进行各种活动的时候,都可能在活动方式、学习方法、操作行为等方面表现出明显的差异性。因此,教师只有充分了解自己班级幼儿的各种差异,才能更好地向他们提出适度的要求。

爱挑食的麦琪

又到午餐时间了,香香的饭配上多汁的肉丸,小朋友看见了都狼吞虎咽地吃了起来。咦,麦琪怎么了?只见她用筷子拨弄着饭,眉头紧紧地皱着。我关切地走到她的身边问她:"怎么了,麦琪?"她低头不语。"是身体不舒服了吗?"我伸手摸了摸她的额头。没事呀!刚才,她还和小伙伴们一起开心地进行户外活动呢。怎么一到吃饭时间,她就又犯愁了呢?"老师,我不想吃里面的肉丸!"哦,原来如此。

麦琪的偏食行为从小就有,她一直对肉类食物比较抗拒,觉得肉类食物很难咀嚼。那么,今天的午餐怎么办呢?总得想个办法让孩子吃多些肉才行。我知道,习惯的改变并非一朝一夕的事,也不能强迫孩子,使她有心理负担。何不换一种方法试试呢?比如,允许她少吃一点。于是,我对麦琪说:"这样吧,今天就吃一颗好吗?"她听了我的话,马上点点头,拿起筷子吃起来,一会儿就吃下了半碗饭菜,肉丸也开始吃了一小颗,还一边吃一边瞄我,我看到后高兴地拍拍她的肩。

从这件事中我认识到:孩子不吃饭其实是有她的原因的。满满一碗饭对麦琪来说是个心理负担,于是我给了她一个选择的台阶,来减轻她的心理负担,这样她就能愉快而轻松地进餐了。现在我对"站在孩子的角度看待事情,换个位置或方式想一想、做一做"这句话有了更深一层的体会与理解。在师生情感交流的过程中,如果我们能多站在孩子的立场想一想,采取一些她们能接受的方法来进行教育和引导,一定会取得事半功倍的教育效果。

(丘韶霞)

3. 对幼儿园以及班级环境的把握

幼儿园的物理环境是班级管理的基本依据和实施场所,教师充分地考虑和分析幼儿园的环境是班级管理的基本要求。幼儿教师要了解幼儿园的整个环境,分析班级的小环境,把握环境中各种与幼儿活动相关的因素,从而在环境中找到对班级管理有利或不利的因素,然后结合幼儿的心理年龄特征和差异,向幼儿提出适宜的要求。

班级借阅区

我班从中班开始在班上设置借阅区,一直延续到今天。班级借阅区就像一个微型图书馆,孩子们可以像在图书馆那样借阅图书。

由于班级借阅区可利用的环境不多,因此图书的摆放就是一个关键的问题。刚开始我们是使用篮子放书的,不过,很快就发现这种方式取放不方便,不易于归类整理。于是,我和孩子讨论应该利用什么容器摆放图书,不过一直没有找到很好的解决方法。在一次与小一班弟弟妹妹联班活动时,悦儿发现小一班小朋友的成长档案是用文件架放的,很整齐,于是孩子们决定采用这种方法来放图书。我们和孩子一起把图书进行简单的分类,如故事类、科学类、期刊类等,并在这些类别中按书的大小再进行细分。分类后,我们给每本图书编上数字号码,在图书存放架标上明确的标示,如1-9、10-19、20-29等。由于有些孩子还不能很清楚地分辨数字,我特意用不同颜色的标签纸区分不同的数字,如1-9用红色标签、10-19用黄色标签等。通过图书的数字编号与图书存放架的标示一一对应的方法,孩子能很好地按要求取放图书了。

(梁洁纹)

(三)拥有时机——要求要恰到好处

"机不可失,时不再来"。幼儿教师要能及时地抓住一些特定的时间或特殊的机会向幼儿提出恰到好处的要求,对幼儿进行教育。幼儿身边存在许多教育因素,教师如果能够及时观察并发现,教育就是及时的、有效的;否则,结果可能是事倍功半。

1. 适时

幼儿教师要学会在适当的时候对幼儿进行教育,并能够随着不同的时机来调整自己的教育行为。幼儿教师懂得判断时机很重要,应通过细心的观察来找出适当的教育时机,并依据时机进行教育。在幼儿需要指导和帮助时,教师应及时介入,当进则进;在幼儿需要时间和空间去思考或消化班级规则时,教师应耐心等待,该退则退。这样恰到好处的指导,更能发挥班级管理的作用。

2. 及时

学龄前幼儿受年龄发展特点的限制,对一些要求很容易遗忘,对各种行为规范的理解不深,在活动中也很容易出现一些偏差。因此,发现情况后幼儿教师应抓紧时间,及时向幼儿分析缘由,并提出相应的要求。抓住"当下的时刻"实施教育,往往会收到意想不到的效果。

小小进区卡,方便你我他

孩子们从中班升上大班之后,对新教室的区域材料非常感兴趣。餐后的自选区域活动时间,建构区、益智区特别抢手,吃饭快的小朋友每次都很快地就占领了这些区域,吃得慢的小朋友只能进其他的区域。于是,有小朋友就来向老师求助:"老师,我想去益智区玩,但每次都没有位置。""老师,非凡和毅毅每次都进建构区,我们想去都没得去了。"

这天,同样的情况又发生了。于是,在自选活动结束前的5分钟,我将小朋友反映的情况告诉大家,请大家一起来想办法解决问题。小朋友纷纷发言了,滨滨说:"我们每个区都轮着去,今天进了这个区,明天就去那个区,这样小朋友就有机会去不同的区了。"这个办法得到大家的赞同,但是小霖说话了:"如果有小朋友两天都进同一个区,我们又不记得了,怎么办?"斐斐想办法了:"我们请老师记住谁进了什么区,下次就不准再去了。"斐斐的办法也得到了大家的赞同。"但是,如果老师记性不好,记不住那么多小朋友进了哪个区,怎么办?"程程说:"老师用个本子写上我们进了什么区,那就能记住了。""嗯,大家想的办法真好,可是,你们是大班的孩子了,比在中班时更能干了,可不可以自己来登记每天的进区情况呢?"大家觉得这个方法不错,于是和老师一起设计进区卡片。"进区卡上面应该有些什么内容呢?"小志第一个发言:"要有区域的名字。"潮潮紧接着说:"要有我们自己的名字。"非凡说:"要有星期几,这样才能记住。"怎么使用进区卡呢?小语发言了:"老师,我们星期几进了什么区,就在进区卡星期几那里画个圈圈。""到星期五就擦干净,下个星期再用。"斐斐做了补充。

于是我根据小朋友说的内容设计了进区卡,并将进区卡巧妙地与值日生表结合在一起,这样小朋友很容易地就知道了自己的卡放置的位置,取放方便。自从有了进区卡之后,小朋友也能按照自己制定的规则,有序地进行区域活动了,再也没有发生争抢区域的情况了,而我也能根据进区卡上的记录,清楚了解幼儿的进区情况了。

(唐芸芬)

"动之以情,晓之以理,持之以恒"看似简单,却需要幼儿教师花很多的时间来理解和感悟,需要很多的耐心去实践。但只要大家一步一步地努力,一件事一件事地去做,就能寻找到其中的奥妙。

第三章

幼儿教师治班的情感因素

在人类的生活中,情感无处不在,它是由各种人、事、物而引发,但又会因人而异产生不同的体验,因为情感是人们心理活动中最为复杂的一个方面。在《现代汉语词典》(商务印书馆,1997)中,情感是指对外界刺激肯定或否定的心理反应。《心理学大辞典》(上海教育出版社,2003)指出,情感是人对客观事物是否满足自己的需要而产生的态度体验。幼儿教师的情感是治班的重要因素之一,在教师处理与幼儿、家长、同事之间的人际关系,处理班级管理的各项工作中占有重要位置。因此,幼儿教师对自己的各种情感以及对自己情感的内部调控和外部表现能力都应该有一个很好的认识与了解。

一、治班基础——教师的各种情感

情感作为幼儿教师治班的基础,具有稳定性、深刻性、多样性、功能性等特点,幼儿教师在幼儿园的班级管理过程中应拥有丰富的、能发挥积极作用的情感。

（一）功能之别——教师情感的各种功能

由于情感的核心内容是价值，不同的价值取向可以有不同的功能分类。在班级管理的过程中，幼儿教师的情感起着感染、调节、强化、迁移、交际和激励的作用。

1. 情感的感染功能

一个人的情感具有对他人的情感施以影响的效能，即情感的感染功能。情感的感染性有着极大的传播和扩张作用。如果一个人身处正在进行快乐活动的人群中，他的心情也会受到感染而变得欢快、愉悦；如果面对愤怒、伤心的人，自己的心情也容易感到悲伤和激怒。因此，如果幼儿教师能够有效地发挥情感的感染功能，以自己真挚的情感去感染幼儿、感染家长、感染同事，班级管理工作就会顺利很多。

小雨从家里带了一只小白兔来幼儿园，孩子们都很喜欢，一起围着小白兔，七嘴八舌地说着话……小白兔经过一路的奔波可能有点累了，双眼半眯着，孩子们看到担心起来了："小兔子是不是不舒服？""小白兔病了吗？""它是不是很累？""我们围着它，它没有空气了。"（这段时间的主题活动就是关于空气的）……我没有说话，一边听着一边思考着孩子们的问题。当孩子们抬头向我投来求救的目光时，我皱着眉头很同情地说："是啊！小白兔是怎么了呢？"小雨也担心地说："老师，小兔子好像不舒服了。"我压低声音说："小白兔一大早就和小雨坐车来到幼儿园，可能是累了。如果让它能安静地休息的话，小白兔应该很快就能缓过来的。"大家听了都说要让小兔多休息一会儿……这一天，就连那些平时说话很大声的孩子，都自觉地把声音降低了。即使他们有时不注意，也被旁边的孩子提醒着。那些风风火火、平时走路声很重的孩子也放轻了脚步……虽然平时我也会经常向孩子们强调这些常规，但都比不上在这样一个情景中，由对小白兔的关爱之情而引发的幼儿的自觉遵守……这天的班级常规出奇得好!

（李麦浪）

2. 情感的调节功能

情感的调节功能能够使人们感受到周围环境的变化，并随着变化，相应地改变自己的情感与行为，以适应各种新的变化。幼儿教师有效地发挥情感的调节功能，引发幼儿主动行为的动机，帮助幼儿以良好的情感来支配自己的行动，并根据班集体的要求来调整自己的行为。当大多数幼儿能在教师的情感引领下用情感来调节自己的行为时，良好的班集体就形成了。

"说话轻，走路轻，放下东西也要轻，不用别人告诉我，自己会做好。"这首名称叫《轻轻》的儿歌，我很早就教给小朋友了，但他们似乎对这首多少带点说教成分的儿歌不是很感兴趣，平时都不大唱，唱的时候也没有感情。这两天，由于有这么一只小白兔的存在，小朋友们居然开始自觉地唱起这首歌。他们一边轻轻地唱着歌，一边看着放置小兔子的位置，有的还边唱边提示着自己轻轻地做事……哇！小朋友们能用关爱小兔的情感来自觉地调控自己的行为，真的是太棒了！

（李麦浪）

3. 情感的强化功能

情感具有巩固或改变人们行为的力量，当然这种力量也是有正负之分的，如果情感是正向强化的话，人的活动积极性就会越来越高；如果情感是负向强化的话，人的活动积极性就会越来越低。幼儿教师有效地发挥这一功能于班级管理的工作中，特别是对幼儿的正确行为多鼓励、多表扬，幼儿的内心感受到愉悦，这种愉悦的体验就能使幼儿对自己的行为产生正向强化的作用。

小雨的小白兔经过休息后第二天就没事了，津津有味地吃着红萝卜和青菜，小朋友们看到都很开心。见状，我用小兔子的口吻表扬了大家："小白兔谢谢小朋友了，大家昨天这么关心我，让我在安静的环境中休息了一天。"小雨说："小白兔很喜欢我们。"我说："是啊！大家做得这么好，小兔子当然喜欢你们，我也很喜欢你们这样的行为啊！"大家都抢着表态："以后我们都要说话轻，走路轻。""是啊，大家都轻轻地做事情就是好。"我因势利导地说："对，大家都来比一比，看看谁能坚持做到轻轻地说话、轻轻地走路、轻轻地放东西。"……在以后的几天里，每当看到有小朋友轻声说话、轻轻地去放玩具，我都会大大地表扬他们。

（李麦浪）

4. 情感的迁移功能

　　个体对他人的情感会迁移到与他人有关的对象上去。在班级管理过程中，教师用自己的真情感染幼儿，与幼儿建立起深厚的情感，以自己爱幼之情，唤起幼儿相应的情感反应，激发幼儿爱园、爱班、爱教师、爱同伴之情，进而使幼儿把对教师的爱迁移到班级的各种活动中。所谓"亲其师而信其道"就是这个道理。这种积极的情感迁移对幼儿教师的治班行动有非常重要的意义，能帮助教师营造和谐的班级氛围。

　　最近，我的喉咙很疼，说话时总会疼得我眉头，声音也有点沙哑。小雨最先发觉我的不适，她走过来问："老师，你不舒服啊？"我说："没什么，就是喉咙很痛。"小雨说："你多喝点水吧，妈妈说多喝水对身体好。"我说："谢谢小雨的关心！"小雨说："不用谢！你那天也很关心我的小白兔啊。"我一时不知说什么好了。在活动的时候，我看见当我要对全班的小朋友说话时，小雨在一旁悄悄地帮我维持纪律，用手拉拉身边的同伴，让他们安静地听我说话。我意识到我对小朋友的关心和爱护，使我和孩子们建立起了深厚的感情，而孩子们因为喜欢我而开始改善自己的行为。后来，小雨成了我的好助手，常常会在需要我组织孩子们过渡的一些生活环节里，提醒小朋友安静听我说话。

（李麦浪）

5. 情感的交际功能

情感可以通过人的外部表情传递各种信息。在许多场合里，人们的思想感情是通过自己的表情表露出来的。一个人的表情是其情感独特的表现形式，也是情感区别于其他心理现象的重要特点，这就使情感具有了社会交往的功能。幼儿教师有效地发挥情感的交际功能，根据幼儿情感外显的特点，多运用表情来传递和表达自己的情感，引导幼儿参与到班级的活动中来，吸引家长关注幼儿园的教育教学，形成班级的向心力，让班级管理过程中的各种沟通与交流变得更为顺畅。

小雨是一个很感重情的孩子，她生怕小兔子会生病，总是对围观小兔子的小朋友大声地叫："不要围着小兔子，它会死的。"但小朋友们都只顾着看小兔，没有理睬小雨，小雨很生气。每次我走近的时候，都看到小兔蜷缩成一团，好像很害怕的样子。这真的不好，小雨的担心是有道理的，得想想办法。我用很心疼的眼神看着小兔子，用很温柔的语言和小朋友们商量："我们是不是可以用积木搭建一个围栏，把小兔子放在围栏内，大家站在围栏外看。这样，小兔就不会害怕了。"小朋友看到我这么关心小兔子，也不由得点点头，认同了我的建议。于是，大家七手八脚地搬来积木，给小兔子建了一个围栏，小兔子在围栏里面真的就不害怕了，还吃起胡萝卜来呢。

（李麦浪）

6. 情感的激励功能

情感对人的行为具有激励功能。人在积极情感的作用下，能把自己潜在的能力挖掘出来。幼儿教师以积极的情感投入到幼儿园的各种活动中，在班级管理的过程中把自己的策划能力、组织能力、沟通能力、协调能力等发挥得淋漓尽致；同时，以积极的情感去激励幼儿参与到教师组织的活动中，在这样的情感能量最大化的基础上，更能使治班行动显示出其威力。

随着小雨的小白兔在班里饲养的时间越长，我和小朋友们对兔子的感情也越深，兴趣也越浓，小朋友们常常观察兔子并提出这样或那样的问题。于是，我和小朋友们一起就如何饲养小兔子、怎样轮流喂小兔子等话题进行了讨论，我们的"小兔乖乖"主题就这样确定下来了。小朋友们对小兔子的情感已经转变为他们每天的积极行动：负责值日的小朋友准备好胡萝卜或青菜，把自己收集到的兔子图片、图书放在学习区里并主动地在学习区里介绍自己带来的关于小兔子的材料……小朋友们的活动情绪很高涨。为了鼓励小朋友们观察学习的行为，我帮助小朋友们做了一些可以让他们对自己的活动进行记录的小本子，每天给大家的观察记录盖上一个小兔子的印章。我和小朋友们的这种情感的互动达到了整个班级管理的互动，那些平时在活动中爱捣乱的孩子在这个主题的活动中都好像"听话"了很多，做了我的小帮手呢。

（李麦浪）

（二）爱严之别——辩证地处理"爱"与"严"

"爱"与"严"是班级管理中的一个最基本的关系，也是幼儿教师情感深刻性的体现。由于这一关系不像一般的具体问题那样容易被人发现、识别和判断，因而常常会被人忽视。幼儿教师在班级管理的过程中，处理好"爱"与"严"的辩证关系相当重要。

从表面看，特别是对于3—6岁幼儿，"爱"与"严"似乎是矛盾的，好像教师对幼儿严格要求、对班级严格管理就没有爱。实际上，"爱"与"严"存在着辩证统一的关系。"爱"是教育的基础，"严"是教育适应社会的要求和教育的需要，"爱"与"严"二者可以统一在培养什么样的幼儿这一目标上，也可以统一在培养怎样的班级上。

如果幼儿教师在班级管理过程中爱而不严，降低对幼儿的培养目标，放松适合社会要求的标准，就是偏爱和溺爱，就不能培养出符合国家与社会要求的人才。反之，对于一个班集体来说，如果严而不爱也会出现一些无度或出格的做法，难以形成良好的班级氛围以及和谐的师幼关系，幼儿教师的班级管理工作也难以开展。因此，在治班过程中，幼儿教师处理好"爱"与"严"的关系是很重要的。

爱在行动中

午睡起床后，威威小朋友愣愣地坐在床上，好像在等待着什么……蕾蕾小朋友在他的身边说："威威不会叠被子。"于是，我轻轻地走到他们旁边，小声地说："我知道威威的小手很能干，一定能把自己的被子叠好的，是吗？"威威听到后真的就动手叠起被子来，可翻来覆去老是叠不好，心里很是着急。于是，我拿来了一床同样大小的被子，让威威一步一步地跟着我叠。威威认真地看，一下一下地跟着我学。在我的指导下，他终于用反复对折的方法把被子叠好了。看着威威眼睛闪亮闪亮的，充满了成功的喜悦，我的内心也甜丝丝的。

我常常带着爱、带着理智站在一旁用心去关注着孩子，用鼓励的目光、和蔼的微笑引导他们去动手、动脑，只有当孩子有解决不了的困难和疑问时才去帮助他们、引导他们，而不是用包办代替或责备的方法，把教育的目标和内容更多地蕴藏在关爱孩子、引导孩子的行为之中。

（何妙玲）

何妙玲老师的"爱"体现在她轻轻地走到幼儿旁边小声地和幼儿说话当中，这样做就让那个由于不会叠被子而又怕被别人笑话的威威有了一个很好的台阶；她的"严"体现在她能及时地发现幼儿的困惑，自己没有包办代替幼儿，也没有假手于已经会叠被子的幼儿，而是亲自示范教威威学习叠被子。那么，幼儿教师应该怎样把握好"爱"与"严"的关系呢？

1. 幼儿教师应具有母爱之情

在教育中最有力的力量就是爱的力量。幼儿教师要像母亲一样，用母爱之心关爱幼儿。因为，世界上最伟大、最无私、最无限的爱就是母爱，对于一位母亲来说，无论自己的孩子多么笨拙，她都不会嫌弃。作为一名幼儿教师，只要想到每位家长把心爱的孩子托付给了自己，就等于把他们的希望托付给了自己，自己要把幼儿当成自己的孩子来进行教育，这是一份何等深厚的情感与责任！因此，幼儿教师应拥有一颗母爱之心，用爱的胸怀包容幼儿，用爱的微笑面对幼儿，用爱的目光注视幼儿，用爱的语言鼓励幼儿。

2. 幼儿教师应具有严师之心

这是教师这一社会角色所需承担的社会责任。幼儿教师肩负着国家和社会所赋予的责任：对幼儿负责，细心爱护、精心培养；对家长负责，服务家长，服务社区；对幼儿园负责，完成任务，提高质量；对社会负责，教书育人，培养人才。这就要求幼儿教师用一颗严师之心去管理班级。当然这种"严"是相对而言的。在班级管理的过程中，幼儿教师用适宜的、符合幼儿年龄特点的纪律约束幼儿；用自己的行为影响幼儿，严于律己，为幼儿做出良好的示范；用公平的态度对待幼儿，一视同仁，没有偏颇，把班级的标准和活动的要求落实到每一个幼儿的身上。

爱的悄悄话

又到了每天放学前的仪表物品整理时间，这也是我和小朋友们沟通的好时间。我来到依依的面前，一边检查她的衣服一边说："依依今天的小手真棒，早餐和午饭都是自己动手吃的。"依依说："是啊，都是我自己吃的。"我搂着依依在她的耳边悄悄地说："老师很喜欢小手有用的依依，如果明天早上能不哭、笑眯眯地来幼儿园，老师就更喜欢依依了。"依依在我的怀里笑着点点头。我走到皓皓的身边，蹲下来对他说："哟！皓皓今天的小鞋没有穿错了，好棒哦！"皓皓笑着说："是我自己穿的。"我伏在皓皓耳边轻声地说："皓皓有进步，老师表扬你，如果皓皓在听到老师的铃鼓声后，能马上来到老师身边，那就更棒了！"皓皓听了露出腼腆的笑容，并点了点头。我又走到了洋洋的身边，一边帮他卷衣袖一边说："哟，洋洋今天拿到奥特曼的贴纸了吧？"洋洋得意地说："是啊，我没有迟到，老师奖给我的。"我说："洋洋，你很棒啊！如果洋洋能和大家一起玩，不抢玩具就更好了。这样，肯定能拿到一张更大的奥特曼贴纸。"洋洋瞪大眼睛问："真的吗？还有更大的贴纸？"我笑着用手摸了摸洋洋的头说："只要洋洋能和大家友好地玩，大的奥特曼贴纸一定会奖给你的。"洋洋说："好，我不抢玩具了，大家一起玩。"……

简简单单的悄悄话，既肯定了小朋友们的进步，也提出了教师对小朋友们的希望和要求，使他们在爱的话语中和教师增进感情，建立友好的师幼关系。我坚信，小朋友们能在这些爱的话语中每天进步一点点。

（马倩媚）

马老师对幼儿的"爱"与"严"都充分地体现在"爱的悄悄话"里，在她的眼里，所有的小朋友都有自己的优点，所有的小朋友都能通过自己的能力改进自己的缺点。马老师在肯定幼儿优点的同时，温柔地指出其缺点，具体地提出改进的要求，用这些柔性的、幼儿愿意接受的"爱的悄悄话"传递那些刚性的、幼儿成长必需的"要求"。马老师的这种做法很好地把"母爱之情"与"严师之心"结合起来，达到一种辩证的班级管理效果。

二、适度表现——不同情境的不同表现

幼儿教师在无论个人需要是否得到满足的情况下，都能够自觉地调节自己的情感使之呈现出适度的状态，就是其情感成熟的标志了。

人的情感与情绪是有直接关系的。从情感的发展阶段和层次来看，初级阶段的、较低层次的情感一般都被视为情绪。

情绪是较早出现的，与人的生理需要密切联系，比如，幼儿教师工作了一天，身心疲倦、肚子饿，却接到园长交来的新任务要自己马上完成，这时教师就很容易产生"不想干"的抵触情绪，并嘟起嘴来表达自己的感受。这种情绪一般是比较外显和冲动的，能让人看得到，也常常具有情境性。由直接的情境所引发的情绪通常很强烈，但当此情境消失时这种情绪也可能就随之而消失了。

情感的出现比情绪要晚一些，多是与人们的社会性需要联系在一起的，比如，幼儿教师与同事友好地合作了一段时间后获得了愉快的体验，渐渐地与同事之间产生了友好的情感，这种情感是比较稳定的，不会因为某一情境的变化而改变。心理学家通常把情感称为内在的情绪。

情绪与情感都是与人的特定主观愿望、需要相联系的，是受特定环境影响而产生的心理体验或行为反应。[①] 人生来具有内部情感和表现这些情感体验的相应外部情绪的能力，正如人类在婴儿时期就能以愉快的笑容或咿呀哭啼等信号来表达自己的舒适、饥饿、困倦、病痛等的感受一样。但随着人们的认知能力、言语能力的发展和社会化，情感的体验和情绪外显行为就越来越变得丰富而复杂了。

幼儿教师对自己情绪、情感的适度表现在班级管理的过程中是很重要

---

① 王成全，等. 天天好心情 [M]. 北京：人民邮电出版社，2009.

的，这些适度的表现能帮助幼儿教师建立起一个有良好氛围的班集体，组成一支有默契合作的工作团队，形成一种家园共育的合力。

（一）表情丰富——情感的外部表现

情感虽然是一种内心的体验，但常常伴随着外部表现，并通过外部的表现传达各种情感，这种外部的表现就是表情。表情是情感在我们机体上的外部表现，也是情感这一心理现象所特有的表现形式，它包括面部表情、言语表情和体态表情。[①] 表情是人际交往中传达信息、交流感情、相互了解的主要手段。幼儿教师情感的丰富性往往体现在面部表情、身体姿态以及言语表达这些外部方式上。

1. 面部表情

这是情感外部表现的最突出的行为特征，随着人的额眉、鼻颊、口唇等全部颜面肌肉的变化所组成的一种表现方式。所以，表情是了解人们主观心理状态的客观指标。比如，当需要教师帮忙的幼儿如愿获得教师的帮忙时，脸上会表现出愉快和喜悦，双眼会高兴地眯起形成一道缝，嘴巴会高兴地咧开。这种表情是我们大家最熟悉不过的了。

2. 言语表情

言语表情是指在情绪发生时一个人说话时的音调、节奏和速度方面的变化。人在交流时的音调高低、强弱不同，节奏的快慢不同，所表达的情绪也会有所不同。当我们感觉悲哀时语调低沉，语速缓慢；喜悦时语调高昂，语速较快；当我们感到烦闷、鄙视时也有不一样的音调变化。由此可见，音调是言语交际的重要辅助手段，使语言成为人们交流思想的工具

---

① 张旭东，等，主编. 心理学概论：2 版 [M]. 北京：科学出版社，2009.

之一。

3. 体态表情

这是以身体行为和肢体动作为主的一种表情方式。一个人的身体姿态往往给人一种很直观的心情表白。特别是一个人的手部动作，在情绪的表达中起着重要的作用。在教学的不同阶段，幼儿教师如果能够运用不同的体态语言来配合口语以引起幼儿的注意，那么就能更生动地传授知识和交流情感。

当然，在班级管理的过程中，如果幼儿教师能综合地运用手势、表情、动作等来加强表情表达效果的话，一是能吸引幼儿的注意，二是能加深他们的印象，三是能弥补一些口头语言的不足。请看下面这个案例：

竖起大拇指

刚入幼儿园的菲菲在洗手的时候不会把自己的袖子卷起来，结果总是弄湿衣袖。起初，我会帮助她把袖子卷好，她会笑着说："谢谢。"我也会笑着对她说："不用谢！"之后几天，在洗手的时候菲菲总是主动伸出手来，让我给她卷袖子。我一边帮助她一边耐心地教她怎样用单手卷衣袖。每当看到她自己很努力地卷衣袖时，我都向她竖起大拇指。后来，我发现菲菲不但会用单手卷自己的衣袖，还能帮助其他小朋友卷袖子并和同伴使用"谢谢"、"不用谢"等礼貌用语。看得出来，菲菲在接受老师帮助的同时很留意地学习怎样卷衣袖和使用礼貌用语。在这之后，我每次看到她帮助别人就对着她点头笑一笑或对她竖起大拇指表扬她的行为。其他的小朋友看到了，也纷纷加入到争取老师给竖大拇指或为同伴竖大拇指的行列。

（李麦浪）

案例中的教师用"竖大拇指"、"点点头"、"微笑"等方式来称赞幼儿，给幼儿加油,的确很适合。如果教师能和幼儿达成这样的默契,班级管理工作就会非常顺利了。

(二)自我调控——情感的内部转化

外界的事件往往能引发我们喜、怒、哀、乐等各种情绪体验。一般来说,人的情绪可分为积极情绪和消极情绪。积极情绪和消极情绪都是由于个体受到某种刺激以后所产生的身心激动状态。积极情绪,即正性情绪或具有正效价的情绪[①],一般包括喜悦、感激、兴趣、希望、自豪、激励、敬佩和爱等;消极情绪,即在某种具体行为中,受外因或内因影响而产生的不利于个人继续完成工作或者正常思考的那些情感,包括忧愁、悲伤、愤怒、紧张、焦虑、痛苦、恐惧、憎恨等。

积极情绪和消极情绪并不是一成不变的,两种情绪状态可以互相转化,特别是在个人主观意志的支配下。所以,幼儿教师应学会调整自己的心情,及时把消极的情绪转化为积极的情绪,抛开消极情绪带给自己的困惑,释放出消极情绪给自己积郁的痛苦。幼儿教师还应该学会通过语言、形象或想象等方式进行自我暗示,使个人的心境、情绪、兴趣、意志等发生某种程度的改变,以帮助自己以积极的心境去开展班级管理的工作,这样才能建立起乐观、坚韧、开放等心理优势,建构起具有开放性的、感染力的、持久的人际关系。

学期末到了,按照幼儿园的公开管理制度要求,由幼儿园给每一位家长发放问卷,对自己孩子所在的班级教师进行评议。我们班级的家长大部分都比较客观地评价了各位教师的工作,但个别家长对中午睡觉时老师给孩子脱衣服脱得太多有意见。当园长给我们反馈意见时,我们一下子还没反应过来,心想我们也是关心孩子的身体,不希望孩子穿得太

---

① 郭小艳,王振宏.积极情绪的概念.功能与意义[J].心理学进展,2007(05).

多而影响睡眠，而且穿这么多的衣服睡觉对孩子也不卫生啊。我们的情绪一度低落，回到班级里大家还在嘀咕着这件事情。到了午睡时，吴老师说："不要让孩子脱这么多的衣服了，只脱外衣就好。"我起初点头表示同意，但看到小朋友躺在被窝里因为臃肿的衣服而显出不舒服的样子时，心里很不是滋味。我对吴老师说："还是让孩子们多脱一件衣服吧，这样会舒服一些。"吴老师说："你不怕家长又说我们吗？"我说："只要为了孩子好，我会向有意见的家长解释的。"就这样，小朋友又能舒服地睡觉了。

（李麦浪）

案例中的事情常常发生在幼儿园里，教师对一些不理解幼儿园工作的意见一时不知如何处理，如果上面的教师采取了家长的意见，那么就会导致幼儿的身体健康出现问题，这就更不利于幼儿的成长。

（三）适度呈现——情感的内外之别

情感的适度呈现是指在表现情感的时候，在一定的范围内保持其质和量的统一，既防止"过度"反应，又不能没有反应。也就是说在适宜的时间和空间内，呈现出与当时情境相适应的情感，特别是在情感的呈现过程、呈现内容、呈现方法上要保持适度的状态。

1. 保持清晰的头脑

这是情感呈现的过程问题。人只有在不同的事情、不同的背景、不同的遭遇下都能保持清晰的头脑，才能在开放的思维、流畅的语言的支配下恰如其分地表达自己的情感。无论遇到什么情况和怎样复杂的环境，只有先让自己平静下来才能处变不惊；只有释放自己的宽容之心，才能有良好的心态；只有把自己的思维沉淀下来，才能平衡各种人、事、物的关系。在这里，建议幼儿教师遇事时先不要着急，做一下深呼吸，或者先转去做一些能让自己愉快的事情，等自己的思绪沉静下来后才再去处理事情。

2. 认清事实的本质

这是情感呈现的内容问题。认清事实的本质，才能在情感呈现的过程中掌握适度的呈现内容，有适度的情感内容才能准确地把握在某一事实中所呈现的情感的量应该是如何的。尤其是当遇到同事或家长暂时不理解或因工作关系发生矛盾时，幼儿教师就更需要认清事实的本质，适度地呈现自己的情感。在与家长或同事发生矛盾时，可以先把引发矛盾的因素找出来，然后看看此因素是否主要在自己的身上，如果是自己的原因就努力去改变；如果不是则可以选择一个适当的时间，跟对方解释一下，当然也要等对方的情绪稳定下来以后。

3. 情感的内外有别

这是情感呈现的方法问题。在情感的呈现过程中，应该有内部、外部的区别。比如，内心的情感很丰富、很热情，但外部的表情表现得却很平和。虽然在许多时候，人们的内部情感与其外在的表现是基本一致的，但有的时候，人们需要喜怒并不形于色。因为内心的情感是属于教师自我的，而外显的情感必须要被融入到社会的情景中。特别是在班级管理的过程中，当遇到需要制定规则、坚持原则、执行纪律的时候，更需要幼儿教师的情感呈现内外有别。情感的内外有别有两个方面，一是不管自己内部的情感如何，在对待别人时，对一些不好的情绪应该有所收藏，不应因为自己不好的情绪而影响别人；二是在幼儿园的班级里，不应因为教师和同事之间的情绪情感而影响到幼儿及其家长。

因此，幼儿教师应该保持平和的心态，认清事实的本质，在班级管理的过程中尊重幼儿身心发展的规律，遵守教育的原则，积极地面对客观现实，绝不高估或低估自己的能力，这样才能适度地呈现自己的情感，使情感的功能发挥得更加淋漓尽致。

老师的宝宝生病了

我的宝宝刚刚一岁多，现在正值春夏交接的时节，孩子很容易生病。这不，这几天又感冒了，昨晚带孩子去医院看病，深夜才回家。今天的教学活动前，我接到了家里老人的电话，说宝宝又发烧了，我只好交待了一下吃什么药后，就继续组织幼儿活动了。当时是一个数学教学活动，由于学具有好几种，有的幼儿为了做自己喜欢做的学具就争吵起来，我的火一下子就上来了，大声地说："你们干什么？这么吵吵闹闹的，一点秩序都没有。"没想到这一声"吼叫"把全班幼儿都吓着了，大家马上就不说话了，连正在争吵的幼儿也赶快地分开操作学具了，整个班级里鸦雀无声。

在巡视活动的时候，我听到几个幼儿在悄悄地说话："老师的宝宝生病了。""你怎么知道？""老师刚刚接到电话，我听到的。""不要吵了，老师心里不高兴。"这时，我意识到，自己刚刚的态度受到自己情绪的影响，而这种态度同时也直接影响着幼儿。我马上对全班幼儿说："对不起！老师刚才大声地批评大家，态度不好。希望大家安静地学习，有不懂的地方可以问我，也可以用轻轻的声音和旁边的小朋友讨论。""老师，是不是你的宝宝生病了？""老师，我们要很乖，不惹你生气了。"听了孩子们的话，我的泪水在眼眶里直打转⋯⋯

（李麦浪）

上面的案例中，教师的情感因素导致了她在班级管理中的情绪不稳定，而这种情绪的不稳定直接影响着幼儿。教师能及时发现自己情感表现的不妥之处，并马上控制自己的情绪，使班级的气氛得到了很好的缓和，师幼关系更好了。

每个人的情感与情绪都不同,每个人在不同的环境或遇到不同的事件时其情绪情感的表现也有所不同。不管怎么样,作为一名幼儿教师,我们应该学会调节自己的情绪,适度表达自己的情感,不因自己的情绪而影响幼儿,这是最重要的。

第四章

幼儿教师治班的基本原则

原则是什么？原则就是我们观察问题、处理问题的行为准则。在社会中，我们做人、做事、解决问题都要遵守一定的规定，如做人的原则、做事的原则、交往的原则等。

班级管理是幼儿园管理中最为重要、最为基础的工作，没有班级管理，幼儿园的管理就像缺了胳膊、少了腿，是一种不完整的管理。幼儿教师在幼儿园的班级管理中只有遵循一定的原则，才能在一定的思想指导下开展班级的管理工作，才能形成一个有良好气氛的班集体，才能更好地通过各种方式引导幼儿快乐健康的成长，以达到班级管理的最大效能。

治班的原则作为一种思想依据，能引领幼儿教师以正确的观点、态度去观察事物、发现问题、分析问题。治班的原则作为一种言行依据，能引导幼儿教师以正确的思想指导自己的言行，解决班级管理过程中的问题。因此，在班级管理的过程中，幼儿教师应该把一些最基本的、需要作为工作依托或根据的东西确定下来，以便给自己的治班工作找到思想和行为上的指引。

一、以正治班——坚持正向的引导

以正治班，就是要坚持正向的引导和教育，以幼儿为本，真正把幼儿看做是班级管理工作的主体；以正治班，就是要依托班级管理的行为规范，真正地把各项规则落到实处。

（一）制定班级的行为规范

幼儿园有园规，班级有班规，虽然班级的行为要求不能像幼儿园的规章制度那么全面、规范，但一些班级内部人员的工作程序、活动要求也是应该有的，这样才能保证班集体的协调与班级活动顺利开展。

一般来说，班级的行为规范包括两个方面。一是教师的工作要求。班上的几位教师一起讨论，把大家认为需要规范的方方面面用一些条条框框写出来，以便大家及时查询、互相对照、实际执行和检查督促。二是幼儿活动的要求。针对小班、中班的幼儿，教师可以制订出各种要求，主要是常规方面的，然后在开展每一次活动时向幼儿解释并征求意见；针对大班幼儿自主活动的意识和能力都比较强这个特点，可以让幼儿先自己讨论，商讨出一些规则，教师在与幼儿充分讨论后帮助幼儿以文字、图标的方式确定下来，以便幼儿与教师的执行与检查。

（二）树立班级的正面形象

树立幼儿园班级的正面形象是班级管理中的外塑形象、内强素质的过程。其中，包括了对内树立班级的良好风气和氛围，对外树立良好的形象和口碑，同时也包括了幼儿和教师自身良好形象的塑造。

对内，良好风气和氛围是一个班级团队建设的内部塑造，是班级管理的关键点之一。从教育心理学的角度分析，班级氛围有其独特的心理效应，能带给班级里全体成员积极的情绪体验。良好的班级风气和氛围是幼儿成长的重要条件，能让幼儿从内心产生对班级的向心力或凝聚力，认同班级的目标和要求，形成一种互助友爱、主动学习、团结向上的班风。

对外，良好的形象与口碑是一个班级团队建设的外部影响，也是班级管理的关键点之一。幼儿教师要治理好一个班级有很多的方法，但舆论的力量是很有意义的，多对外树立自己班级的正面形象，制造积极的舆论，是很重要的一个方面。当外界对此班级有了进一步的了解，形成良好的印象与口碑后，自然会对班级有正确的认识和好感。此外，班级内部成员也会因外界的认同和表扬而产生自豪感，从而产生对自己班集体的荣誉感。

对于幼儿和教师，良好形象的塑造是一个班级团队建设的软着陆，也是班级管理的关键点之一。特别是幼儿教师的形象，往往能衡量一个班级文明程度的高低。教师本身具有良好的形象，在言行举止上能严于律己，以身立教，就能成为幼儿的学习榜样，在幼儿心目中建立高标准的威信。

建立活而不乱的常规

小班的孩子有意注意的能力不强，往往在游戏的时候对老师的语言提示不能留意地听。因此，在好长一段时间里，每天玩游戏、玩玩具后让孩子们收拾物品总是一件让我头疼的事。这一天，我在孩子自由活动时播放了一些轻松的音乐……当录音机一开、音乐出来的时候，有好几个孩子同时往录音机的方向看过来，欣欣小朋友还很留意地听着呢！我想，也许音乐可以代替我说话的声音，提醒孩子们收拾东西。于是，我先把录音机的声音关小一些，等到活动结束时又把音乐声放大，同时用语言提示孩子们收拾玩具。果然很奏效。于是，我和孩子们商量在听到音乐以后，他们就要收拾玩具。随后，我又和班级同事一起商量着如何把音乐贯穿在一日生活的各个环节中，并选定了不同的音乐。

从此，在一日生活、学习环节过渡时，音乐成了我的好助手。我深深地体会到一个班的常规好不好，直接关系到孩子们的成长和教师组织一日活动的质量。如果没有好的常规，孩子们就无法形成好的行为习惯，教师就要分散精力去维持各种活动环节的秩序，进而影响活动的质量。所以，常规培养是教育过程中不可忽视的部分。

（马倩媚）

马老师的班级规则是在幼儿的具体活动中产生的，源于她对幼儿活动的细心观察，她是在一次又一次的活动中去发现问题、分析问题和解决问题。这正好体现了她的治班原则，即"细心——善于观察孩子的行为，把班级管理落实到细节上"。

二、以柔治班——坚信环境的力量

"柔"是一种情调，也是一种心态。作为幼儿园的班级管理者，幼儿教师应该以"柔"治班，有两方面的原因：一是由幼儿的年龄特点所决定的；二是因为"柔"体现了一种对幼儿的关爱之情，也能充分发挥班级管理中以柔克刚、以曲求直、以退求进的作用。总的来说，幼儿教师的"以柔治班"具体体现在幼儿园班级环境的创设上，包括心理环境创设和物理环境创设两个方面。

（一）创设适宜的心理环境

心理环境是指客观环境被感知并对人的心理产生实际影响的各种环境因素。心理环境作为一种"对人的心理事件产生实际影响的环境"，所产生的心理效力是巨大的。[1] 与物理环境不同，心理环境是无形的、潜在的，

---

[1] 朱智贤，主编，心理学大词典 [M]. 北京：北京师范大学出版社，1989.

即看不见摸不着,却又时刻影响着人们的心理与行为。在班级管理过程中,幼儿教师"以柔治班"的体现就是这种心理环境的创设。

幼儿教师应该以一种"柔"的心态来实施班级的管理,创设一个适宜的班级心理环境,只有这样才能很好地实现"以人为本"的班级管理,它关系到幼儿在幼儿园里能否快乐地生活、能否健康地成长、能否有一个幸福的童年。

班集体的心理环境是班级内所有成员在实现班级管理目标的过程中,由教师与幼儿、幼儿与同伴、教师与家长、幼儿与家长以及个体和外部环境相互作用所积累下来的、具有共同心理反应的、大家都能感受到的一种环境。这种班级的心理环境渗透在幼儿生活、学习和游戏中,特别是班级的情感气氛、人际关系、行为规范等,对幼儿的身心发展起着潜移默化的影响作用。

一个已经形成了良好心理环境的班级,大家在班级的工作、行为规范、班级活动等各种问题上,都会有共同的认知、态度与情感。这种内在的、一致的心理共识,也会形成整个群体的心理动力,直接影响这个班集体中所有人员,包括教师、幼儿和家长的心理和行为。

毕业典礼的感想

在一次大班毕业典礼上,当我致辞完毕的时候,班上的孩子对我说:"老师,我看到你哭了。""嗯,你知道为什么我会哭吗?"我问。"因为很伤心,舍不得!"事后听一些同事说,大部分孩子和家长流下了眼泪。活动结束了,我和大家合影留念,收到了孩子们送的花,还有约翰小朋友送的小礼物——杯子。真是太感动了!大家还建议在网上建立一个属于我们班的QQ群。约翰的爸爸还说:"区老师,你继续在网上当班主任好啦!"

所谓"一日为师,终生为师",我想大概就是这个意思吧!在孩子们的心目中,我永远都是他们的老师!孩子们,你们知道吗?其实你们也是我的老师。当我遇到困难的时候,我可以从你们的一些简单的生活小事中找到快乐。我庆幸可以把自己的兴趣和工作结合在一起，你们一次又一次的优秀表现，让我对未来的工作充满了信心！感谢上天让我们相遇；感谢上天让我分享你们人生中最纯真的童年。是你们给我的生活添上了更多的色彩，是你们给我留下最珍贵的回忆，是你们丰富了我的人生，是你们让我确信自己所选择的路是对的！老师希望你们能成为快乐的人，做自己喜欢的事，走自己喜欢的路，圆自己喜欢的梦！

（区泳仪）

这虽然只是区教师写的一段感想，但从中我们看到了一个和谐温馨的班集体，看到了在适宜的心理环境下所形成的师幼之间的深厚感情，看到了被师幼间的真挚情感所感染了的教师与家长。

（二）创设合理的物理环境

幼儿班级的物理环境是指幼儿班级环境因素中"物"的要素或条件，它主要包括幼儿所在班级的活动空间、活动材料、活动时间等因素。这些因素在各种物质的不停运动中，其能量的转化和交换就构成了不同的物理环境。物理环境不仅能引起人们各种不同的感觉，也能引起人们不同的情绪、产生不同的心境，幼儿教师的"以柔治班"就体现在这种物理环境中。幼儿教师要创设一种既能预防幼儿在班级活动中出现问题，又能在出现问题时实施柔性管理的物理环境。

1. 开放性的物理环境

幼儿班级的物理环境应该是一种开放性的物理环境，活动的场所应是按照幼儿的需要和愿望布置的且随时可以变化的；适宜的活动材料对幼儿是开放的和共享的；游戏时间是由幼儿自由支配的。

2. 有序的物理环境

幼儿班级的物理环境应该是一种有序的物理环境。幼儿教师应创建一种有规则的、有条理的活动场所和活动秩序，以支持幼儿在自主活动时间内能对不同的物理环境及时地做出相应、适宜的反应，以保证班级活动的有效性。

3. 物化的环境

幼儿班级的物理环境应该是一种物化的环境，把各种活动区域、活动要求用相应的物品和标志标示出来，利用幼儿心理易受暗示性的特点，发挥物理环境对幼儿心理的正向影响作用，以提示幼儿在不同的活动中掌握活动的规则，完成活动的任务。

4. 有美感的物理环境

幼儿班级的物理环境应该是一种富有美感的物理环境，借助物理环境中的色彩、音乐等使环境充满美感，保持在视觉上、听觉上的和谐，帮助幼儿感受美、发现美、表现美和创造美。

给娃娃家的角色挂牌

我把预设的爸爸、妈妈、爷爷、奶奶、叔叔、阿姨、宝宝等角色的挂牌放到娃娃家门口边的柜子旁，让孩子在进入娃娃家游戏时，可以把角色的挂牌挂在胸前。津津第一个发现了娃娃家的新设置，她喊来好几个好朋友，一边脱下自己的鞋子，一边把"妈妈"的角色牌挂在自己的脖子上，还招呼着其他同伴戴上角色牌，这样幼儿既按自己的兴趣扮演了自己所想扮演的角色，又能知道别人所扮演的角色。

这些设置看上去好像很不起眼，但它们的作用可是很大的，既能作为娃娃家的游戏常规，又能作为幼儿角色扮演的指引。

（马倩媚）

马老师所制作的小小挂牌，使娃娃家的物理环境更为合理，更能引导幼儿自觉地去开展游戏，这样幼儿在教师合理设置的环境中，通过物化了的规则学习交往，学习遵守规则并得到自主的发展。

三、刚柔并举——坚持和谐的发展

所谓的"刚"，就是把幼儿园的班级管理建立在一个共同的目标上，让大家都愿意并能朝着这个目标努力；把幼儿园的班级管理建立在良好的行为规范基础上，让大家都自觉地去遵守并能严格地执行；把幼儿园的班级管理建立在计划、执行、检查等不断重复的日常工作中，使之起到良性循环的作用。

所谓的"柔"，就是赋予幼儿园班级管理更多积极的情感，使大家能以积极的心态投入到工作中；把幼儿园的班级管理渗透在日常生活中，让幼儿在生活中自然地习得各种常规；把幼儿园的班级管理渗透在幼儿的游戏中，让幼儿在轻松、愉快的活动中了解、学习并执行各种行为规范。

什么时候要"刚"，什么时候要"柔"，什么时候要"进"，什么时候要"退"，这是需要幼儿教师在实际的班级管理过程中必须思考的问题。只要能把坚定的要求与柔和的引导方法互相结合、恰到好处地运用，幼儿教师就能拥有这种"刚柔并举"的智慧，就能在幼儿园的班级管理工作中求新、求变，收获乐趣、收获效果。

（一）充分体现人文关怀

作为源于西方人文主义思想的人文关怀，其核心在于肯定人的本性和价值，解放人的个性，保障人的自由平等权利，尊重人的理性思考，关怀人的精神生活等。幼儿教师在班级管理中的人文关怀，正是幼儿园班级柔性管理的充分体现。只有这样，才能真正地与幼儿、家长、同事一起去实现班级管理的目标。

1. 承认班级中人的因素

在班级管理的过程中，班级中的教师、幼儿、家长不仅是一种物质生命的存在，更是一种精神、文化的存在。一切的管理工作，都是以人的管理为最重要的，人的观念、人的精神往往会直接影响到管理工作的效果，人的认识、人的文化也往往会直接影响管理工作的过程。幼儿园的班级管理要重视正确的班级管理观念的确立，树立一种班级的精神，建立健康的班级文化，引导教师、幼儿、家长对班级产生共识，自觉地投入到班级管理工作中来，达成班级管理的目标。

2. 承认班级中人的主体性

在班级管理过程中，深刻地理解教师、幼儿、家长是推动班级发展和自我发展的核心力量，也是班级管理的主要力量。在推动班级组织建设与发展的过程中，幼儿教师主持班级管理的领导工作，班级里的同事组织班级管理中的大小事务，家长参与班级管理的检查与监督工作，幼儿在班级管理的过程中也是主要的实施者之一。这样，教师、幼儿、家长在不同的岗位中履行不同的职责，在不同的方面做着不同的工作，通过大家的努力，逐步完成班级管理的任务。

3. 关心人的多种需求

在班级管理的过程中，幼儿教师应该关心人的多层次、多方面的需求。不仅关心教师自身、幼儿、家长在物质层面的需要，更要关心他们在精神文化层面的需要；创造条件满足幼儿在幼儿园的生活需要，满足他们游戏的需要、学习的需要；为教师的工作、生活提供便利条件，更要为满足教师自我发展、自我完善的需要搭建平台。班级管理的任何规范、任何环节都应围绕着教师、幼儿与家长的实际需要而建立和完善，使大家能获得多方面的发展。

4. 关注全面发展和个性发展的和谐

全面发展是社会的需要，具有社会的价值；个性发展是个人的需要，具有个体的价值。在幼儿园班级管理过程中，教师、幼儿和家长的全面发展应当是一种积极、主动、自由的发展，而不是由过多的强制性外力牵引下的发展；教师、幼儿和家长的全面发展应该是各个方面的素质都得到较好的发展或达到一定水平的发展，而不是某一方面、某一技能的发展；教师、幼儿和家长的全面发展是具有差异性的，在促进其全面发展的同时也有机会使大家富有个性地发展，以达到个人价值和社会价值的和谐。

幼儿园要为毕业班的幼儿举行一个毕业典礼，希望各个班级都能出一个节目。我们只是中班，出什么节目呢？我于是组织了班委会的家长们来讨论这个令人头痛的问题。大家你一句我一句地说着，最终决定出一个亲子节目。因为我们班有的家长是话剧团的，可以编一个节目；有的家长在服装店工作，可以提供服装和道具；有的家长是家庭主妇，可以有时间出来排练节目……大家都很积极。节目最后表演得也很成功。这次活动让我深深地明白了人的因素的重要性，看到了家长的主动性发挥得淋漓尽致时的那种力量。

（李麦浪）

在上面的案例中，我们可以看到教师对班级里人的因素非常重视，特别是家长的因素，满足了家长愿意为孩子付出的心理需要，发挥了家长的各自优势，让家长展现了各自的才能，大家主动地为班级的事情出谋划策，积极地为班级的工作分担，让活动取得了圆满的结果。

（二）符合实际的纪律要求

幼儿教师要做到"刚柔并举"的治班境界，除了前面所说的人文关怀外，最佳方法包括：制定一种行为规范以及与幼儿年龄相符、与教师工作实际相符、与家庭教育现状相符的纪律来要求和监督大家的行为。

1. 班级管理需要严格的纪律

好的班级自然需要适宜的方式方法去治理，好的班级应该要有严格的纪律来约束。纪律是群体的重要特征。前苏联教育家马卡连柯认为，"纪律是集体的外貌、集体的声音、集体的灵魂和集体的信念。"[1]纪律约束离不开建立班级行为规范，但良好的班级行为规范必须是符合实际的。

在班级管理中，制定适合幼儿实际的纪律是很重要的。这是牵涉整个班集体能否顺利进行各项教育活动的保证。幼儿教师对班级纪律的认识、理解，对幼儿年龄特点和能力的了解，对自己班级环境的充分利用等都会对班级的纪律产生直接或间接的影响，也会影响着教师在提出班级纪律、班级行为规范时的"适度性"，影响着教师制定符合幼儿实际的纪律要求。因此，幼儿教师必须清楚地了解自己班级中幼儿的年龄特点和各个方面的发展水平，在充分分析和理解的基础上，结合班级物理环境的因素，制定一些必要的、宽严适度的、可持续发展的规则和纪律要求。既要避免不能

---

[1] 费尔兹，等.儿童纪律教育：建构性指导与规训[M].原晋霞，等，译.北京：中国轻工业出版社，2007.

管得过严,限制了幼儿的自主活动,又不能放任自流,让幼儿无序地活动,要找到幼儿遵守纪律和自由发展的结合点。

2. 在班级管理中,行为规范也是很重要的

这也是在实际的班级管理中根据幼儿的活动、教师的工作和家长的需求而逐步形成和确立的。行为规范是建立在维护班级各种活动秩序的理念基础之上的,对班级成员具有引导、规范和约束作用,是班级成员在班级管理活动中所应遵循的标准或原则。行为规范能引导教师、幼儿和家长在进行班级管理活动的过程中规范大家的行为,知道哪些是可以做的、哪些是不可以做的,使班级的管理工作更加和谐、更加顺畅。因此,幼儿教师应该根据幼儿的年龄特点和能力水平,根据教师工作的特点和班级管理目标的要求,根据幼儿家庭与家长的实际情况,制定不同人群的行为规范。特别是给幼儿的行为规范要求,既不能要求过高,让幼儿望而生畏,因为做不到而失去了其意义;又不能要求过低,一味地迁就幼儿,而是应该找到符合实际的要求。适宜的行为规范是能使幼儿"伸手摸不到,跳一跳能够得到"的要求。

3. 在班级管理中,说服教育也是一种重要的方法

这是一种通过"说"的行为来达到"服"的结果的一种工作方法。幼儿教师给幼儿摆事实、讲道理,启发幼儿理解和思考问题,从而提高幼儿对某一事物的认识。幼儿教师在班级管理的过程中,依据自身的教育理念,引导幼儿的态度和行为朝着理想的方向发展,总要用充分理由去反反复复地劝导幼儿,使幼儿心悦诚服地去遵守纪律,执行规范,有序地活动。由于幼儿的年龄特点和能力水平的限制,教师在对幼儿进行说服教育的时候,要把握好"分寸"与"度",既不能用大道理对幼儿进行说服教育,也不能整天唠唠叨叨地没完没了,而是应该说到点子上,干净利落,画龙点睛,点到为止。

建立班级的规范

在班级管理的过程中，要通过一些规范来帮助幼儿建立常规。要使幼儿学会管理自己——制定师生共同遵守的班规，先共同讨论：哪些行为是班级所接受和赞赏的，哪些行为是班级所不允许、应该被禁止的，违反班规的结果将会如何，教师要尽量让每一个幼儿都有参与讨论、表达意见的机会，然后根据讨论的结果，师生共同规划、订立全班遵守的班级常规。班规一经订立就要共同遵守，教师也不例外，若改变班规也需要征求大家的同意。比如，在楼梯上贴上小脚印提醒幼儿顺一边上下楼梯，在洗手处贴上洗手顺序图，在班级内用图画标明各个活动区域，在游戏场景中贴上行车路线、斑马线，提示幼儿遵守交通规则，等等。这种方法可避免幼儿因无事可干而吵闹，也可避免教师过多的指挥和干预，让幼儿明白在什么地方干什么事，使各项活动互不干扰、有序地进行。

（邓晓新）

邓老师在班级管理中注重了班规的建立与班规的执行。特别是在大班，幼儿和教师一起讨论如何建立班级的规则，一起遵守班级规则，这样的常规才是适合幼儿的常规，才能得到大家的理解和支持，才能得到遵守。

四、站稳立场——坚定正确的方向

幼儿教师在管理班级的过程中，总会碰到这样或那样的问题，教师在处理各种不同的问题时，总要确定自己的立场。所谓的"立场"，就是幼儿教师在遇到问题、处理问题时所持的认识与态度。立场，决定了观点与方法；立场，决定了态度与情感；立场，是认识与处理问题的立足点、出发点和归宿点。教师的认识与态度不同，在处理问题时的策略和方法就有所不同；教师的认识与态度有偏差，在处理问题的过程中就容易出现偏差。因此，幼儿教师在班级管理的过程中应依据先进的教育理念，在对事实进行分析的基础上，站稳自己的立场，以正确的认识与态度去处理班级管理中的问题。

（一）树立正确的价值观

价值观是指人们在处理具有普遍性价值的问题上所持的立场、观点和态度的总和。作为人的有意识的选择和追求，价值观有正确与错误、先进与落后、自觉与盲目、真实与虚幻等差别。不同的价值观，导致人们对客观事物的认识和态度不同；不同的价值观，在认识世界和改造世界的活动中的指向就不同。正确的价值观对人们的生活起促进作用，错误的价值观起阻碍作用。

幼儿教师只有树立正确的价值观，发挥正确价值观的导向作用，才能不受外界过多的影响，特别是不受当前的功利主义影响，少用"有没有用"、"有没有利"来判断班级工作；才能坚持正确的教育观、儿童观和发展观，在认识和处理班级问题时站稳立场，以正确的态度来管理班级的工作。幼儿教师要树立正确的班级管理的价值观，对班级管理工作形成正确的价值取向，为高效的班级管理打下基础。

幼儿教师有了正确的价值观，才能正确地评价事物，正确地判断什么是该做的、能做的和怎样去做，才能在管理好自己的同时，带领着同事、幼儿和家长积极地投入到班级管理中去，为实现班级管理目标而努力。

幼儿教师有了正确的价值观，理解人与人之间、人与班级之间、班级与班级之间密切交流、互相配合的重要性，才能与同事、幼儿和家长和睦相处、密切配合，才能使大家都能遵纪守法，服从管理目标和管理工作的需要，才能使班级管理获得更大的效果。

幼儿教师有了正确的价值观，站在整体的角度出发，全面地考虑班级的最大利益，才能管理好班级，使班级工作高效运作，全面地提高班级管理的效率。

幼儿教师有了正确的价值观，才能坚定正确的方向，按照国家对人才培养的要求和社会发展的需要，肩负起教书育人的社会责任，才能有奉献精神，为社会做更多的贡献。

幼儿教师正确的价值观不是凭空幻想出来的，而是要建立在班级的客观事实基础上，经过教师对自己的特点和个人的能力、水平进行分析而得出来的。因此，幼儿教师应在教育实践中去不断地思考、不断地更新、不断地调整自己的思想，寻找能实践个人价值的平台，自觉地磨炼和提高自己。

（二）坚定自己的信念

信念是人们在对自己的生活经验产生了一定认识的基础上，确立起对某种思想或事物坚信不疑的主观认识，并能为之而身体力行的心理态度和精神状态，是认知、情感和意志的统一体。信念的力量是伟大的，信念的力量是一种源泉，能支持着人们的生活，激励着人们去奋斗，推动着人们不断地取得进步……对于幼儿教师来说，正确的信念是什么？又如何坚持自己的信念呢？

首先，幼儿教师有了正确的价值观，才能坚信自己的信念是对的、是正确的。在正确价值观的指引下，幼儿教师相信自己所从事的事业是伟大的，明确教书育人是国家与社会赋予教师的责任。这样，在班级管理的工作中，幼儿教师即使遇到各种困难，也能坚持信念去克服困难，完成工作任务。

其次，幼儿教师在坚定自己信念的同时，要以这种正确的信念来指导自己的管理工作，努力地调整自己的行为，使之适合正确的价值观和行为准则，排除一切不符合此价值取向的思想、行为的干扰。这样，在班级管理的过程中，幼儿教师才能保证自己的工作方向，使自己的工作态度、方式方法更适合幼儿的年龄特点，更能促进幼儿的发展。

最后，幼儿教师要把自己的理想与信念紧密地联系起来，使自己的工作更具有方向性和目的性。一个对自己工作有兴趣、有理想并坚信自己能做到的教师，总会找到各种方法达到或靠近自己的理想或目标。这样，在班级管理的过程中，幼儿教师才能抱持着一种积极的态度来从事各项工作，才会研究和观察别人成功的行为，并学习如何处理问题。

孩子有自己的发展速度

小班的小朋友经过两个月的生活、学习后，已经开始适应幼儿园的集体生活了。但他们还是很依赖成人的帮助，比如，午睡时不会自己穿脱衣服，吃饭时等着老师喂，喝水时不会自己端水杯，更有的幼儿上厕所也要老师陪着……看到这些，我心里很着急，怎样才能使孩子们进步得更快呢？我们在班级工作会议上讨论着，我们在书籍中寻找着答案……新的儿童观认为：孩子的发展是一个主动地与周围环境发生作用的过程，他们的发展是有其发展速度和规律的，不同的孩子，其发展的内容、发展的方向和发展程度都有所不同。看来我们作为幼儿教师不应太心急，要学会适当的等待。当然，在等待中还需要创设好适合孩子学习成长的环境，帮助他们在环境中进步。

（李麦浪）

上面的案例说明了教师在工作中遇到困难时，应该主动地寻找支持，只要找到依据、方法，才能在理论上提高认识，坚定自己的信心，才能在行动上更好地工作。

幼儿教师在班级管理中，坚持以正面的引导来教育幼儿，坚信环境的力量对幼儿的影响作用，坚持班级柔性管理与刚性要求的和谐氛围的建立，坚定自己正确的价值观，就不会迷失方向，有序地开展班级工作。

第五章 幼儿教师治班的理想状态

理想状态是一种最好的状态，是一种在理论上可以达到而实际上因为种种原因往往达不到的状态。不过，在追求理想的过程中，只要我们愿意付出努力，所使用的方法恰当，只要我们踏踏实实地做事，诚实诚信地做人，那么离所追求的理想就会越来越近。

当然，前提是我们所追求的理想是有事实依据的，是有现状依托的，是合理的，而不是凭空幻想出来的。因为，理想是我们在对包括现在和过去的所有事物、所有经历的思考基础上确立起来的。

然而，幼儿教师的治班理想状态和现实中的困难是一对矛盾，不过并不冲突。只要我们能主动地去了解治班过程中的问题和困难，正确地反映班级管理的客观实际，正确地反映这些现实与我们所追求的理想状态的关系，找到现实与理想之间的距离，按照合乎事物变化和发展的规律去开展工作的话，是可以达到班级管理的理想状态的。

本章阐述了幼儿教师在班级管理的过程中，所希望的人或事物表现出来的理想形态，以及在这个过程中幼儿教师所遇到的问题和困难。

一、治班难点——容易遇到的困难

在幼儿教师的班级管理过程中，工作的困难是方方面面的，有个人的,也有集体的;有对内的,也有对外的;有的是可以通过自己的努力去解决的,但有的却是幼儿教师无能为力的……一般来说,幼儿教师在班级管理过程中可能会遇到以下几个方面的问题与困难。

(一)各种幼儿——特点与能力水平不一致

幼儿教师工作的对象是3—6岁的幼儿,有的幼儿园还招收2岁左右的幼儿,处在这个年龄段的幼儿正是身心成长发育最迅速、变化最大、发展最快的时期,这就需要我们对3—6岁的幼儿有一个正确的了解和理解。

1. 幼儿身体发育的不完善

3—6岁幼儿的身体成长发育的速度很快,新陈代谢比较旺盛,但他们身体的生物机能发育还很不成熟,因此,对外界环境的适应能力和对疾病的抵抗能力都比较弱。在幼儿园的班级管理过程中,幼儿教师都可能遇到幼儿身体不适应的问题,或是部分幼儿的动作相对缓慢跟不上集体的行动,或是因为天气的变化有部分幼儿感冒,或是由于身体不适而不愿意跟随集体活动,或是因为在游戏中把一些细小物品塞入鼻子耳朵,或是因为玩得兴奋午睡时尿床……这些问题是幼儿教师必须面对的,如果工作得不细致,将会给教师的班级管理带来更多的困难。幼儿教师只要能充分地了解不同年龄段幼儿的身体发育的特征,了解自己班级每一个幼儿的身体状况,采用适宜的方式方法对幼儿的身体进行锻炼,注意到幼儿的身体现状与班级的活动安排、活动内容、活动频率、活动难度之间的关系等问题并加以及时、适当的调整,困难就能迎刃而解。

2. 幼儿心理发展的不成熟

3—6岁幼儿的情绪情感具有变化快、极不稳定、容易受外界事物的感染等特点,因此,他们对家人和教师很依赖,特别是独生子女更喜欢撒娇、任性。同时，他们又具备了一定的思维能力，好奇心强，对新事物表现出强烈的求知欲望，但仍然以形象思维为主，抽象思维开始萌芽，因此，他们活泼好动，什么都想试一试，什么都敢去冒险尝试，比较以自我为中心，容易发生危险。他们掌握了大量的词汇，并形成了初步的语言交际能力，但还不能很好地组织和运用语言来完整地表达自己的意思，因此，他们在用语言表达不清的时候容易冲动，容易与同伴发生肢体上的冲突。他们的无意注意发展得较快，而有意注意发展得较慢，注意力集中的时间不长，注意的范围不广，因此，他们很难集中注意力，也不能很好地留意听老师说话。他们的意志力很弱，坚持性不够，很难在较长的时间里自觉地控制自己的行为……幼儿种种心理不成熟的表现是幼儿成长中的必然，需要幼儿教师通过各种活动促进其成熟，这也是幼儿教师班级管理工作和班级常规建立的困难所在。幼儿教师只有在了解和理解了幼儿心理发展特征的基础上，对自己所教的班级幼儿的心理发展情况有深入的了解，才能更好地开展班级管理工作，才能解决各种困难。

3. 幼儿间的个体差异大

3—6岁幼儿有明显的个性特征和个体差异，无论是在性格、兴趣、需要、能力等方面都显示出个人的特点。比如，在对环境的好奇方面，有的幼儿有强烈的好奇心，任何细小的变化都能引起他的反应；有的幼儿对环境的兴趣不浓，对环境的变化漠不关心。再比如，在对活动的主动性方面，有的幼儿主动性强，什么都喜欢去尝试、去动手操作，"我自己来"的欲望特别强烈；有的幼儿则相反，依赖别人做，自己不愿意动手。再比如，在集体生活方面，有的幼儿很合群，比较随和，与同伴之间的关系很好；有的幼儿则经常出现攻击性行为，喜欢挑逗同伴，欺负别人；有的幼儿则比较懦弱，一丁点小事就会哭泣，或者总是告状。再比如，在兴趣爱好方面，有的幼儿喜欢听故事和讲故事，有的喜欢安静地看图书，有的喜欢画画、做手工，有的喜欢听音乐，有的喜欢和着旋律手舞足蹈，有的喜欢动手操作材料或拆装玩具,还有的喜欢抱着娃娃扮演"妈妈"……幼儿所展现出来的丰富多彩的个性给幼儿教师的教育教学活动增加了难度,如果处理不好将给幼儿教师的班级管理工作带来极大的困难。幼儿教师只有充分地了解和理解幼儿的个体差异,尊重这些差异,在实施全面教育的基础上,有针对性地因材施教,才能更好地解决这些问题。

(二)家庭环境——影响因素与要求不一致

孩子是家庭的核心,也是父母的希望。在家庭中,大多数家长都会积极地思考自己孩子的将来并赋予巨大的期望。父母的期望适当,可以成为孩子进步与发展的动力;但是如果要求过高则会给孩子带来沉重的压力,成为孩子成长道路上的绊脚石。同时,家长对自己孩子的不良影响也会给幼儿教师的班级管理工作带来各种各样的困难和问题。

1. 家长对孩子的期望过高

没有哪位家长不期望自己的子女成才,没有哪位父母不期望自己的孩子能在各方面都表现优秀,特别是在现代社会越来越激烈的社会竞争条件下,家长对孩子的期望越来越高。但是,如果家长对自己孩子的特点、能力和现状不了解,或不顾自己孩子的感受和情绪,孩子很可能不会按照家长所希望的方向发展。尤其是当家长的期望值过高,而孩子的能力过低时,家长就很容易产生焦虑情绪,这种焦虑的情绪有时会转嫁给教师,如常常在教师面前数落孩子的不是或者说一些对孩子失望的话语;总不相信自己孩子的能力,总是要求教师给自己的孩子补这补那的……这些都会直接或间接地影响幼儿教师的教育教学工作,使教师为迎合家长的需要而去做一些不符合教育规律的事情,同时也给班级管理带来更多的困难。

2. 家庭不利因素对孩子的影响

家长对孩子有各种直接或间接的影响。家长的教育方式不当会使幼儿形成各种不良的性格或行为习惯，而幼儿也会带着这些行为进入到幼儿园的班级里来。比如，有的家长对自己的孩子过度溺爱，使孩子习惯被人爱，喜欢随意索取自己需要的东西，不懂得爱别人或回报别人的爱。这些幼儿在幼儿园的集体生活和学习中，容易产生焦虑、暴躁等心理问题。再比如，有的家长对孩子要求过高、严格，使孩子由于达不到父母的要求而产生害怕、胆怯、自卑、回避等行为，形成不良的性格。这样的幼儿在幼儿园的班集体里，不合群又生怕别人说自己的不是，不会主动参加活动，对学习感到有压力……由此可见，幼儿家庭的不利因素不但对幼儿有不良的影响，对班级管理同样也会有不好的影响，会给幼儿教师的班级管理带来许多的问题。

3. 家长对幼儿园或对班级的不理解

由于家长对自己的孩子都有一定程度的期望和要求，又由于幼儿所处的家庭环境不同，因此家长对孩子、对教育、对幼儿园、对班级管理等也可能产生这样或那样的不理解。有的家长很怕教师给家长布置一些让家长在家庭里和孩子一起完成的任务，认为这是多余的；有的家长对教师提出的让孩子带废旧物品到幼儿园很反感，说这是捡破烂；有的家长对幼儿园的饮食有意见，说是不符合自己孩子的体质；有的家长认为把孩子放在幼儿园里是最放心的，因此把教育的任务都交给教师，不愿担负起自己应有的教育责任；有的家长一味地强调社会的竞争压力大，要求幼儿园教授更多的知识性的东西；有的家长对孩子的品德教育不关心，认为"树大自然直"，对幼儿园的相关活动不闻不问；有的家长更是把幼儿园当成旅馆，推说自己工作忙，把孩子长期地放在幼儿园，甚至自己外出游玩也不带孩子……由此可见，幼儿家长对幼儿园教育、对教师工作的态度、认识与行为都会直接地影响幼儿教师的班级管理工作。

（三）同事复杂——工作方式方法不一致

茫茫人海，大家能够在同一所幼儿园、同一个班级里的工作，是很有缘分的。但由于幼儿教师的年龄、学历层次、文化水平、知识经验和能力等可能存在一定的差异，使得大家在班级管理的工作过程中，对不同的事情或对同一件事情都可能有不一致的看法，进而导致在工作的方式方法上的不同。这样，就容易出现问题而给班级管理工作带来一定的困难。

1. 年龄经历的差异

年龄虽说在幼儿教师的队伍里没有很大的差异，但如果年龄加上经历的话，就会存在一定的差异了。比如，结了婚的、有了自己小家庭和有了自己孩子的教师与没有结婚、还没有自己的孩子的教师在年龄经历上就有了较大的差别。结了婚的教师对待事物一般都会考虑得全面一点，思考自己的立场，也思考别人的立场；而还在父母身边没有结婚的教师，特别是作为独生子女的教师，往往生活在备受父母爱护的环境下，思考问题的范围有一定的局限性。这样，有年龄经历差异的幼儿教师同在一个班级里工作，他们的认识角度、思考方向、理解范围等都可能产生差异，如果大家沟通得不好，就可能出现问题。

2. 知识经验的差异

学历是一个人文化水平高低的衡量标准之一，虽然不是唯一的。学历高的教师，所接受的教育、所积累的理论和知识相对多一些，因此这些教师对事物的认识性、对问题的敏感性都较强，他们在遇到问题时，可能会多问几个为什么，会细致地观察，会联想起自己所看过的书、学过的知识，也会运用多种方法去尝试解决问题；而一些文化水平不高的教师，一般只是停留在自己实践的经验上,虽然他们也会运用自己所积累的经验去解决问题,但往往是对于那些曾经遇到过的问题、曾经经历过的事情就能较好地利用这些经验去解决,而对新时期出现的新问题的应对能力相对较弱。这样,有知识经验差异的教师一起工作,如果大家没有在各个方面多一些互补,也是很容易出现工作上的问题和困难的。

3. 智能结构的差异

根据霍华德·加德纳的多元智能理论,我们知道每一个人都在不同程度上拥有自己的智能结构,"智能是在特定的文化背景下或社会中,解决问题或制造产品的能力。解决问题的能力,就是能够针对某一特定的目标,找到通向这一目标的正确路线。文化产品的创造,则需要有获取知识、传播知识、表达个人观点或感受的能力。"[①] 每一个人的智能结构都有自己的特点,各种智能以不同的方式和程度有机地结合在一起,而且同一种智能在每个个体身上的表现形式也是不一样的。环境、教育、经历的不同都会使个人的智能在发展方向、发展程度和表现形式方面有着明显的差异性。有的幼儿教师的言语—语言智能比较优秀,口头表达和书面表达都很出色;有的教师身体—运动智能特别好,因而很善于运用自己的肢体语言来吸引幼儿;有的教师人际交往智能好,对他人的表情、声音、动作的敏感程度强,很善于观察、发现和体验他人的情绪、情感并做出适当的反应……这样,智能结构不同的教师在一起工作,如果大家没有对这些差异的存在原因有一定的了解,也很容易产生工作上的问题和困难。

(四)领导苛刻——要求与工作实际不一致

一般来说,"苛刻"一词是用来形容一些故意刁难、条件过高、要求

---

① 加德纳. 多元智能 [M]. 沈致隆,译. 北京:新华出版社,1999.

过于严厉、让人难以接受的人和事。虽然,我们用苛刻来形容幼儿园的领导有一点过分,可是,在幼儿园里,除了园长以外,还有大大小小的领导。我们所遇到的领导也有很多是很温和的、宽严有度的。这里我们是提醒幼儿教师,在实际的工作中也可能会遇到一些相当严厉的、很苛刻的领导。如果幼儿教师不能很好地注意到这一点,就不能很好地处理与领导之间的相处问题,班级管理工作也就很容易出现困难。

1. 领导的要求高

幼儿园的园长是幼儿园的灵魂,带领着全体教职工为达成幼儿园的管理目标,开展着各种各样的教育、教学与后勤工作。因此,他们在幼儿园的日常事务、教育教学、卫生保健等工作上对幼儿园里的教职工都会有一定的行为规范要求,并以一定的形式去进行检查与监督。合理的规章制度能激励教职工齐心协力地开展工作。但有时候,有些幼儿园的领导为了尽快达成目标,忽视了教师工作的实际而提出过高的要求,导致幼儿教师或不能很好地保质保量地完成任务,或得过且过地做完就算。这样,如果教师没有与园长进行充分的沟通,就容易产生班级管理的问题和困难。

2. 领导爱抓小事

幼儿园的领导,特别是园长,一般来说都是抓住主要的任务,把该做的各种事情分层去做,具体到了小的事情由教师自己去做。而有些领导就喜欢凡事亲力亲为,一是体现领导深入基层、做事细致,二是亲自指导教师去工作更显得领导的专业性。但如果某些领导来到班级里,不了解班级的实际情况,就指手划脚地管起芝麻小事来,更有甚的是,有些领导还要教师停下活动马上按自己的意思去整改,而教师又因为有孩子在身边不能及时地解释清楚缘由的话,的确是很容易给幼儿教师的班级管理带来许多的不便和困难。

3. 领导爱听好话

在现实生活中，大多数人都爱听好话，这是人的天性，即使有点虚伪，但是能跳出这种"爱听好话"的怪圈的人没有多少。幼儿园的领导也只是平凡人，也有一般人所有的弱点。因此，对于特别爱听好话、不喜欢"忠言逆耳"的领导，幼儿教师在与这类领导沟通、交流的过程中，如果不会艺术性地运用语言，做到有礼、有力、有节的话，是很容易由于沟通不当而产生问题的。如果只是一味地阿谀奉承，迎合领导、讨好领导，虚伪地奉承领导的话，也会因为隐瞒了实际的情况而不能很好地解决实际问题，给班级管理的工作带来不必要的困难。

（五）待遇不佳——待遇与工作付出不一致

幼儿教师的待遇是指幼儿教师在物质上的报酬、在社会上的地位或政治上所享有的权利等方面。有调查显示，在过去的10年间，幼儿教师沦为弱势群体，幼儿教师的工作和生活条件急剧恶化，幼儿教师的队伍建设面临种种问题和困难。[1]

1. 没有正式编制

全国政协委员、北京师范大学教授刘焱指出，现实的问题是，现有的89.86万学前教育专任教师中，有编制的公办幼儿园教师比例相当小，90%以上的农村幼儿教师都没有编制，城市民办幼儿园教师、公办幼儿园中的无编制教师占了幼儿教师队伍的绝大多数。[2] 没有编制使得政府的投

---

[1] 刘霞. 广州市幼儿教师队伍建设专题调研报告. 广州市中长期教育发展规划调研项目，2010.7.
[2] 刘焱. 学前教育两方面待改进 [OL]. [2010-03-03]. http://www.zcom/rollhews/99502/.

入没有到位,幼儿教师没有一个与其他阶段教育的教师相同的地位,而没有地位的教师又怎么能在幼儿园的班级工作中发挥主动性?怎么能自主地开展教育教学工作?

2. 教师工资较低

绝大多数的幼儿教师没有身份保障,在体制外生存,工资低,福利待遇差,无法获得职业的安全感和认同感;公办园中大量存在无编制的教师,使得同工不同酬的现象十分普遍。62.27%的教师月平均工资为901～2000元,还有5.78%的教师月平均工资为900元及以下,仅有7.18%的教师月平均工资为4001元及以上;没有身份保障、待遇低,导致幼儿教师流失现象严重。[①] 这样的工资怎么能招聘到好的教师来幼儿园工作?幼儿教师又怎能安心、开心地在幼儿园开展班级管理工作?

3. 学历评职不够

在随机调查的284所幼儿园中,学历为高中毕业(含幼师和职高)的教师所占比例为52.67%;学历为初中毕业及以下的教师所占比例为8.31%,占了教师队伍总人数的一半多;学历为本科毕业及以上的教师才占11.06%,所占比例明显偏低。未评职称的幼儿教师占教师总数的53.12%;而中学高级职称的幼儿教师仅占教师总数的0.13%。[②] 没有学历,幼儿教师的知识水平怎么能胜任这种肩负为国家培育幼苗的重任?没有职称,幼儿教师的教育经验和成绩就不能得到很好的认可,他们又如何能继续提高?

[①] 刘霞. 广州市幼儿教师队伍建设专题调研报告. 广州市中长期教育发展规划调研项目, 2010.7.

[②] 刘霞. 广州市幼儿教师队伍建设专题调研报告. 广州市中长期教育发展规划调研项目, 2010.7.

4. 工作环境不好

有许多幼儿园，特别是一些农村和城镇幼儿园，占地面积小，很狭小的空间里挤满了幼儿，有的地区一个幼儿班只有两名教师，而幼儿就有五十多人，这样的环境、这样的师幼比例根本就不可能让幼儿教师很好地开展适合幼儿身心发展的教育教学活动，更谈不上充分利用环境来促进幼儿的成长了。没有良好的工作环境，幼儿教师即使有十八般武艺也没有用武之地，又怎么能谈得上教书育人？

上述的问题，都是我们幼儿教师在班级管理的实践过程中容易遇到的问题，这些问题不管是在班级管理的哪一个阶段都会出现。既然困难是不可避免的，幼儿教师就应该不躲避、不抱怨，坦然、积极、乐观地对待困难。乐观积极的态度往往是我们面对困难的关键因素之一，对解决困难起很大的作用。以正确的态度面对困难，以不怕吃苦、积极对待的精神去迎接困难、分析困难，寻找方法，去解决困难。如果以消极悲观的态度面对困难，就容易被困难所吓倒，缺乏战胜困难的勇气和信心，更多的困难还会接踵而来，让人更加不知所措。因此，幼儿教师在班级管理的过程中，只要有正确的态度，有不怕困难的勇气和坚定的信念，能保持冷静的头脑，发挥自己的意志和负责任的精神，就能找到较好的方法与途径解决困难、走出困境。

二、理想状态——治班效能的扩大

理想与现实之间确实存在一定的距离，人们一般认为理想好像在离自己很远的地方，而现实却实实在在地就在自己的身边。因此，理想主义者往往是偏于浪漫和完美的人，重感性的体验和满足，敢想敢干，追求一种能达到圆满的境界；而现实主义者往往思想很现实，重理性，执著于实际的可行性和操作性，顾虑重重，低调保守，遇到困难时考虑的东西多些。在幼儿园的班级管理过程中，幼儿教师必须在理想与现实中找到一个平衡点，才能真正地达到一种有效的班级管理理想状态。

有效的班级管理是班级管理理想状态的衡量标准之一。幼儿教师在制订班级管理的目标时，应以理想的状态为最终目标，然后再把理想的目标分解为一个一个与现实相结合的阶段性目标，再通过各种活动一步一步地去实现、去提高，努力拉近现实与理想之间的距离。有效的班级管理状态主要体现在以下几个方面。

（一）幼儿高兴——喜欢幼儿园教师和班级

幼儿的情感是丰富的，幼儿对情感的表达方式是直接的。许多时候幼儿对自己的教师、对自己班级的喜爱之情都会直接地表现在他们的言行之中。我们可以从生活中幼儿的点滴言行中捕捉他们所流露出来的对教师、对班级的情感。

当幼儿喜欢自己的老师时，在行为上，他们会表现为总喜欢待在老师的身边；在外出活动时，喜欢拉着老师的手一起走；常常会轻轻地拍、搂、抱一下教师；会主动地帮助老师做一些力所能及的事情；在自己有解决不了的困难时，愿意寻求老师的帮助。

当幼儿喜欢自己的老师时，在语言上，他们什么话都愿意和老师说；遇到问题时会找老师询问；喜欢把自己的高兴事和伤心事与老师分享；即使是在家里也常常把老师挂在嘴边，用老师的话来纠正家庭中的不良行为、"教育"家长。

当幼儿喜欢班级时，在行为上，他们会每天喜欢上幼儿园，即使是放假也常常惦记着幼儿园和班上的事情；幼儿会把家里的玩具带到幼儿园和班级里的同伴一起玩；把自己喜欢的图书带到班级和同伴一起阅读；有好吃的东西也会产生"如果班上的老师和小朋友也能尝一尝就好了"的想法。

当幼儿喜欢班级时，在语言上，他们会常常把自己的班级做了什么事情挂在嘴边；告诉别人自己在班级上最喜欢哪些活动；对班级的同伴名字都很熟悉并常常提起他们；在为班级争取荣誉的时候，都很有合作精神并能听从指挥，不愿因自己的行动影响了班级的集体行动。

当幼儿教师用心地去对待每一个幼儿、耐心地和每一个幼儿沟通、细心地了解每一个幼儿时，当幼儿在内心里承认你是他们的好老师时，你就成为了一个幼儿喜欢的教师；但幼儿教师用心地去管理班级、用爱去营造一个轻松和谐的氛围、用智慧去引导幼儿成长时，当幼儿感觉到自己是这个班级里重要的一员时，这个班级就是一个幼儿喜欢的班级。如果幼儿喜欢自己的老师和自己的班级，幼儿教师的班级管理就是有效的，班级管理就达到了一种理想的状态。

（二）家长满意——认同和支持教师的工作

当教师很难、很累，尤其是要当一个让家长满意的教师就更难。但幼儿园的任务之一就是为家长解决后顾之忧，使他们能全心全意地去为社会服务、为社会创造财富。因此，幼儿园的班级管理需要得到家长的认同和支持。家长的满意度提高了，幼儿园的社会影响力就会提高，教师的地位和威信也自然随之提高了。

当家长对幼儿园班级的保育工作满意时，他们会对班级的环境卫生很认同并自觉地帮助维护，会留意教师对孩子所提出的关于身体方面的建议并按要求去做，会配合教师的工作让孩子多带几件换洗的衣服作为备用，在家里会按照幼儿园的常规去要求孩子，会主动地协助教师培养孩子的自理能力。

当家长对幼儿园班级教育教学工作满意时，他们会关注班级的各种活动，主动了解孩子在幼儿园的生活、游戏、学习情况，积极地参加教师精心设计、组织的家园活动或亲子活动，在家庭里会主动地收集幼儿园班级教学所需要的资料，以及对教师良好的教风、精湛的业务赞不绝口。

当家长对幼儿园家园沟通工作满意时，他们会主动地配合教师开展班级的管理工作，对教师每周所写的幼儿评价认真地阅读并详细回复，对幼儿园需要家长配合做的事情很爽快地答应并认真地完成，鼓励自己的孩子要和班里的其他小朋友友好相处，也会主动地用现代化的手段与教师以及其他的家长进行交流。

（三）班级和谐——创建和谐的班级氛围

班集体是幼儿成长过程中的一个重要环境因素，幼儿与班集体这一重要环境的相互作用，可以导致他们行为上的巨大变化。良好的班集体始终激励着幼儿，能使他们心情愉快，积极、轻松、充满激情地投入到生活、游戏、学习当中去。

班集体是幼儿教师开展教育教学工作、为国家培养人才的主阵地，幼儿教师是班集体的建设者、组织者、领导者，要把班级管好、组织好、引导好、协调好，建立一个具有亲和力、凝聚力的班集体。

班集体充满和谐的氛围，到处都能看到可爱的笑脸。不管是幼儿、教师还是家长，大家的脸上总是挂着真诚、亲切的笑容，没有板着的面孔，没有生气的表情，也没有委屈的神情。

班集体充满和谐的氛围，到处都能听到令人舒服的语言。教师说话时语言流畅自如，如和风细雨般缓缓而谈；幼儿说话时语言清楚自信，如山间小鸟般欢快雀跃；家长说话时语言诚恳明朗，如叙述家常般自然而然。

班集体充满和谐的氛围，到处都能看到友好的行为。"敬个礼，握握手，我们都是好朋友"，这不仅是在歌曲里才有的行为，也是在班级里常常出现的行为。即使大家因为一些小事而产生误会，或者因为玩耍发生了冲突，只要说一声"对不起"，回一声"没关系"，大家又都是好朋友了。

班集体充满和谐的氛围，到处都能听到爽朗的笑声。教师、幼儿和家长被班级里的团结、和睦的气氛吸引了、感染了，就会有一种发自内心的快乐。大家都愿意用笑声把自己的真实感情、真实感受表达出来，用不同的声音传递出这种真我坦率的笑。

（四）人际良好——与同事合作有条不紊

人际就是指在社会上人与人之间的交际和交往。幼儿教师的人际良好就是指幼儿教师在幼儿园的班级工作中与同事之间的良好的交际和交往，这是一种人际关系的建立，这种人际关系的基础是教师彼此之间的情感活动，因此情感因素是幼儿教师人际关系的主要成分。幼儿教师人际间的彼此接近和相互吸引的情感是人际良好的基础。幼儿教师拥有和谐、良好的人际关系是幼儿教师心理健康的标志之一。

拥有和谐、良好的人际关系的幼儿教师，在对待自己的上级时，能注意尊重领导，知道当上领导的人一定是有过人之处，有丰富的工作经验和待人处世方略，是值得自己去尊重和学习借鉴的；能注意在尊重领导的基础上，做到有礼、有节、有分寸地进行磨合，提出对工作有利的意见和建议。

拥有和谐、良好的人际关系的幼儿教师，在对待自己班级里的同事时，能关注对方的兴趣爱好、生活状态，彼此间能相互重视与支持，了解各自的特点和能力，有误会或争执时，能换个角度、站在对方的立场上思考问题，多为对方着想，达到互相理解、信任和支持。

拥有和谐、良好的人际关系的幼儿教师，在对待自己的下属时，能明确工作只是一种分工和职位上的不同而已，大家在人格上都是平等的，因此能细心地了解对方的工作情况，体谅对方的工作心境和情绪，愿意承担起责任，发挥各人的积极性，用好各人的长处。

（五）价值扩大——寻找工作价值的最大化

如果问幼儿教师"你认为你的工作价值是什么"，有的教师会从为了孩子、促进孩子成长、培育幼苗等角度去说，有的幼儿教师则只是埋头于实际的教育工作而很少去思考这份工作的价值，有的教师不会评估自己从事此项工作5年、10年、20年甚至更久的价值，也有的教师会从自己的职业生涯、工作乐趣等方面去看待工作的价值。这样的话，幼儿教师的工作价值就很难真正地实现，很难得到扩大。因此，除了为国家、为社会、为人民等最高的工作价值以外，幼儿教师在班级管理的过程中，应积极地寻找更多的价值，努力地扩大这些价值，客观地评价和反思这些价值，以实现工作价值的最大化。

思考一下自己在工作中成长了吗？这是一个很重要的问题，是衡量幼儿教师工作价值最大化的关键之一。幼儿教师如果没有在工作中成长，就没有真正的收获。幼儿教师的成长，代表着幼儿教师整个人生的发展，代表着幼儿教师自己的未来，也代表着幼儿教师工作的意义和价值。因此，幼儿教师在工作了一段时间以后，应该思考一下自己在幼儿园里的教育教学、班级管理工作中是否成长起来了？有哪些方面的具体表现？自己对教育的信念是否更加坚定？自己的思想是否越来越成熟？教师的成长并不是突发性的，不需要太快，但却要可持续地发展。

思考一下自己工作的创新之处有哪些？这是一个很有意义的问题，是体现幼儿教师工作价值最大化的关键之一。当然，绝对意义上的创新是没有的，幼儿教师的创新是建立在已有的教育教学经验基础上的创新。当幼儿教师的教育教学方式或方法运用得越来越娴熟的时候，只要能积极地反思和总结，就一定能提炼出某些有特色的、有代表性的、属于自己的经验，这是一个提升的过程。没有这样的提升过程，幼儿教师就永远只是一个"教书匠"。因此，幼儿教师在工作的过程中，应注意思考一下自己在教育教学工作和班级管理工作中是否有创新，找出自己的特点和特色，并充分地运用到班级管理的工作中。

思考一下自己工作的乐趣在哪里？这是一个很微妙的问题，是维持幼儿教师工作价值最大化的关键之一。幼儿教师如果没有获得工作的乐趣，或者是工作乐趣没有增加而是减少，就谈不上工作价值的最大化。而幼儿教师在工作中能产生乐趣，就能有更多的激情去投入到工作中，就能使班级管理的价值不断地扩大，实现最终的管理目标。因此，幼儿教师工作了一定的时间，如1年、3年、5年……思考一下教育教学和班级管理工作给自己带来了怎样的体验？这些体验有哪些乐趣？产生了哪些幸福感？幼儿教师有了工作乐趣，工作上的困难就会变得轻松起来，因为工作已经成为一种快乐和享受。

班级管理要想达到理想的境界，需要幼儿教师的不断努力，这种努力也许会超出自己的想象，但只要我们有了心理准备，有了一种超越自我的决心，一切问题和困难就都能被解决，班级管理工作也会更加顺利。

下 编

幼儿教师治班的实践行动

"现在的幼儿园老师真不好当,一大堆的事情,不知从何做起。"

"现在的孩子也不好管。各有各的性格、习惯,不容易听你的。"

"有时叫了这个,那个又跑去玩了,很难把他们叫到一起,很头疼。"

"我们幼儿园每个月还要进行环境检查,一会儿是卫生方面的,一会儿是活动区材料方面的,一会又是班级环境方面的……可多啦。"

"这些我应付得了,最可怕的是和家长打交道,他们的要求多多的,很麻烦。"

"我们班有一个孩子特别容易出汗,上下午的体育活动换了两套衣服,把他带来的衣服全换完了,结果下午放学时就没有衣服换了,他的奶奶还怪我怎么不给孩子换衣服呢。"

"不仅家长不理解我们,有时候同事也会有误会呢。"……

这是在一次幼儿园教师座谈会上,大家你一言我一语的交谈记录。从这里我们可以看到,幼儿教师在班级管理的实践行动中,的确有很多困难与困惑。那么,如何计划好自己的工作才不至于手忙脚乱?在班级管理的过程中运用怎样的策略才能更好地组织幼儿活动呢?班级环境中有哪些因素可以在班级管理中起辅助作用?要怎样做家长工作才能使家长放心和安心?如何建立起同事之间的默契呢?在本编部分,我们将带领幼儿教师逐一地深入探讨这些问题。

第六章 计划制订的行动策略

幼儿教师要达到班级管理的目标,就要采取一系列班级管理的行动,而计划就像一列火车,可以带着幼儿教师到达想要到达的目的地。同时,计划也是幼儿教师班级管理目标与管理行动的一座桥梁,连结着目标和行动之间的方方面面。因此,制订计划是幼儿教师治班行动的策略之一。没有计划,实现目标就只是一句空话。此外,计划的不明确也容易导致行动的失败。

一、分析现状——了解各种基本的情况

在班级管理中,幼儿教师对自己班级当前的状况有一个全面的了解,才能清醒地认识到这些现状与自己班级管理的理想目标的距离有多少,以及要达成理想目标需要如何优化和改进现状。好的基线调查有助于幼儿教师预测和评价班级管理中潜在的影响因素和可以充分利用的因素。所以,幼儿教师对自己班级的现状进行调查,全面地了解各种基本情况是治班的基础,这样才不会出现判断的失误,才能形成一个正确的工作思路。

（一）基线调查——了解幼儿及其家庭的状况

基线调查即基础性的调查，这是幼儿教师在接收新的班级时就必须要做的一个最基本也是最必要的工作。当幼儿教师新接收一个班的时候，他们面对着几十个孩子、几十个家庭、几十甚至上百位家长。这些家长原有的生活方式、生活习惯、文化水平等都会直接或间接地影响着幼儿，影响着这些幼儿所组成的班级，影响着幼儿教师将来的教育教学以及班级管理工作。因此，基础性的调查是必不可少的，它有利于幼儿教师发现问题、提出问题，帮助幼儿教师确定哪些问题是需要优先解决的，为幼儿教师制订班级计划提供有力的依据，帮助幼儿教师更好地把握班级管理工作的方向和着力点。

通常这些基线调查在以下两类班级中进行：一是新入托的幼儿班级，二是按自然年龄升级的幼儿班级。一般来讲，幼儿园新入托的幼儿班级绝大多数为小班，个别的情况下接收中、大班年龄段的幼儿。新入托幼儿班级的基线调查更多的是对一些基础性信息的了解，而按自然年龄升级的幼儿已经在幼儿园生活了一段时间，幼儿教师可以着重在幼儿的身心发展、能力发展上进行深入了解。那么基线调查是在什么时间进行的，具体有包括哪些内容呢？

（1）基线调查的时间：一般在新学期开学前一周进行。

（2）基线调查的形式：家访、家长问卷调查、幼儿活动观察。

（3）基线调查的内容：幼儿家庭的基本情况、幼儿生活的基本情况、家庭教养的基本情况以及幼儿发展的基本情况四个方面。

- 幼儿家庭的基本情况。通过调查家庭情况，建立一个幼儿家庭档案，可以了解幼儿的家庭环境与家庭教育方面的情况，为幼儿教师开展班级管理提供一个完整的背景材料。比如，幼儿父母的姓名、年龄、文化水平和工作情况，同住的家庭成员姓名、年龄、文化水平和工作情况,家庭住址、电话号码、紧急联系人姓名与电话,等等。
- 幼儿生活的基本情况。通过调查,了解幼儿在家庭里的生活情况以及各种习惯,以便幼儿教师能根据幼儿的情况指导和帮助幼儿熟悉幼儿园。帮助他们融入到幼儿园的生活中。比如,进餐时间及进餐的量,喝水的时间及喝水量,睡眠的时间,排泄的时间,喜欢吃什么食物,不喜欢吃哪些食物,睡觉时是否需要特殊的物品,等等。
- 家庭教养的基本情况。通过对家长教养孩子的观点、态度、方式方法等的调查,可以帮助幼儿教师了解家长的育儿情况,寻找影响幼儿的有利因素和不良因素,更好地找到班级管理的对策。比如,家长对自己孩子的期望是什么,对孩子的优点或缺点有多少了解,当孩子做了对的事情时家长如何反应,当孩子做得不好时会怎样教育,以及家庭成员的教育是否一致,不一致时会怎样做,等等。
- 幼儿身心发展的情况。通过了解幼儿的身心发展情况,幼儿教师可以清楚地知道本班幼儿的年龄特点、个性特征和发展的可能性,依据幼儿的实际能力组织安排教育教学活动,促进幼儿全面和谐地发展。幼儿的身心发展情况包括兴趣爱好、自理能力、听说能力、交往能力、运动能力等。

(二)分析情况——寻找治班时可能遇到的问题

幼儿教师在对自己所任教的班级进行了班级基线调查,并收集了一些数据和材料后,应该对这些数据与材料进行分析,了解班级幼儿以及幼儿家庭的现状,找出影响班级管理的各种因素,为制订班级计划提供有力的依据。幼儿园的班级情况分析一般可以从多个维度或多个方面进行。

对于新入托的幼儿,幼儿教师可以从幼儿班级、家庭环境和班级教师这三个方面去进行分析。在幼儿班级里,幼儿教师可以分析男女孩子的比例如何,年龄段是否存在差异,然后根据家长的反映,分析他们在家庭里的发展表现，特别是在情绪、生活、游戏等方面的情况，找出具有共性的问题和个性化的问题，并对问题进行归类。在分析了基本情况后，提出一些需要体现在班级计划中的工作要点。以下是对某幼儿园新入园的小班幼儿的情况所进行的分析：

我们班现有幼儿25名，其中男孩12名，女孩13名，男女孩子的比例基本合理。除了6个孩子所在的家庭是核心家庭外，其余的都是三代同堂的家庭。据家长调查表反映，其中16名幼儿一直在家里生活，由祖父母、外祖父母、保姆代为抚养或由幼儿的母亲亲自抚养，没有上过托儿所或幼儿园的托班。其余的9名幼儿进入过不同的托儿所，有一些集体生活的经验；其家长大多数是第一代独生子女，学历较高，对孩子的关心爱护很周到，但有关孩子的教育经验少，孩子出现问题时不知该如何对待；家庭中的老人在孩子的生活照料和饮食调理上有一定的经验，对孩子更是疼爱有加，是孩子的"保护伞"。

通过对幼儿第一周的适应生活进行观察，我发现：我们班幼儿的吵闹现象减少了，幼儿情绪开始稳定；他们活泼好动，对新鲜事物很好奇，喜欢围着老师转，喜欢模仿老师做动作；他们在生活上的差异比较大，吃饭时只有1/3的幼儿能自己进餐但未能较好地使用餐具，近1/3的幼儿不愿自己进餐，需要老师去喂食和不断地鼓励，挑食、偏食现象比较严重；在午睡时除个别幼儿因想妈妈而不愿自己入睡外，大部分幼儿都能在老师的安慰和照顾下入睡，只有两名幼儿的睡觉习惯比较差，需要老师抱着才肯入睡；他们特别喜欢玩游戏和班上的各种玩具，大部分幼儿的兴趣比较高，在音乐游戏、运动游戏中表现得也比较活跃，能跟随老师唱唱、跳跳、做做、玩玩，很投入地参加活动，但幼儿收拾玩具、整理玩具的意识和能力很差；好玩的玩具大家都喜欢占着自己玩，没有与他人一起分享的意识，需要老师反复地提醒才能勉强地和同伴一起玩。

我们班级现有的三位教师中，两位是班主任，一位是生活老师。两位班主任中一位是幼儿园高级教师、区一级的优秀教师，有着十多年的教学经验；另一位是青年教师，刚刚入职幼儿园一年多。而生活老师是一位年龄稍长且热心的保育教师。三人都有着不同的生活、学习和工作的经历，有一定的保教经验，都充满了对幼儿、对班级的爱。我们会在工作中积极配合，共同做好保教工作，促进幼儿健康、快乐地成长。

（马倩媚）

对于按自然年龄升级的幼儿，幼儿教师可以分析他们在健康、社会、语言、艺术、科学等领域中的学习与发展情况，对幼儿能力发展存在的不足进行逐一分析，了解造成此现状的原因，然后提出改善意见。

（三）形成报告——给班级计划的制订打基础

很多幼儿教师在班级管理中都会做这样或那样的调查，但是做了调查以后，大多数教师都不会对自己所做的调查、所得到的资料进行分析、汇总，形成一份分析报告。这样，往往浪费了很多有用的信息，没有发挥调查的意义和作用。

写一份有关调查情况的分析报告并不是太复杂的事情，只要按照一定的方法和格式去写就行了。幼儿园的班级基线调查分析报告一般包括导语、主体和结语三部分。

1. 导语部分（有些人也称之为前言、总述、开头）

这部分内容应着重于把基线调查的目的、时间、方法、对象、经过等简单地说明一下，切忌语言啰嗦，文字要精炼，概括性要强。

2. 主体部分是调查分析报告的最主要部分

一般是对基线调查中所得到的材料进行分析，了解现状和主要经验，发现存在的问题，并提出改善现状或解决问题的方法。主体部分由三个段落组成：现状、原因和对策。如果这一部分的内容较多、篇幅较长，那么把这一部分的内容分成若干个小部分，再各加上一个小标题。

3. 结语部分即结尾部分

结尾的方法灵活多样，有的是总结性结尾——为了加深报告的主题，概括前文，对调查的结论再一次简单地强调；有的是启示性结尾——为了引起大家对某些问题的思考和探讨，或指出班级管理努力的方向；有的是预测性结尾——提出幼儿教师自己的预测，说明这些问题和情况的发展趋势，指出可能引起的后果和影响。如果主体部分已把观点阐述清楚，也有明确的结论，就不必再加这个结尾了。

以下是根据马倩媚老师的材料整理而成的某幼儿园中二班班级基本情况的分析报告：

在身心发展方面，幼儿园中班的幼儿会有许多不同于小班时期的变化，同时这些变化会对大班阶段的发展产生影响，因此，这是幼儿在园三年接受学前教育中承上启下的关键一年。在幼儿从小班升上中班之际，我们班级的老师为了更好地了解和掌握幼儿各方面的发展，找出其小班时的进步与差别，通过观察幼儿的活动、家访、请家长填写问卷等方法，对我们班的32名幼儿进行了基础性的调查。以下是我们班级的基本情况分析。

一、班级基本情况分析

现状：我们的班级原为幼儿园的小二班，现为中二班。原有30名幼儿中，除1人由于年龄不足4岁，经父母要求留在小班外，29人直接升上中班，另外有3人是新入托的。现有幼儿32人中，男孩子有19人，女孩子有13人，男孩比女孩多；孩子所在的核心家庭有12个，几代同堂的家庭有20个；虽然幼儿基本上已经有4岁，但年龄最大的与年龄最小的相差近一岁。

对策：在教育教学的过程中，我们应该注意幼儿的年龄差异，因为一年的年龄差异会对幼儿在各种能力的发展上产生一定的影响;而幼儿的性别也是需要注意的,男孩子在各个方面可能会出现很多不安定因素,在活动设计上也需要关注男孩子的需要;几代同堂的家庭可能存在隔代教育的问题,需注意进行相关的引导。

二、幼儿发展情况分析

（一）健康领域

现状:我们班幼儿的身体素质较好,身高、体重等基本指标能达到所规定的要求,用餐习惯及午睡习惯良好,几乎所有幼儿都能自己主动地使用碗筷进餐,在老师的提醒下餐前便后会洗手。他们喜欢体育活动,尤其对体育游戏感兴趣,走、跑、跳、跃、攀、爬等动作的发展较完善。大部分幼儿能用单手拍球或双手轮流拍球。在操作小积木和小玩具时,幼儿的小手活动能力和动手操作的能力也有了很大的进步。但个别幼儿的体质较差,如××小朋友常常感冒、咳嗽,××小朋友体质偏胖;个别幼儿的行为习惯不好,如新入托的××小朋友经常咬手指甲和衣物;还有个别幼儿的运动能力不足,特别是××小朋友肢体的协调性不够。此外,在动手能力方面,幼儿也存在着较大的差距,主要是在使用文具和小工具进行手工操作方面。

对策:继续加强对幼儿体育活动的组织与引导,帮助幼儿在活动中锻炼体质、发展动作;多利用各种游戏活动,创造机会给幼儿锻炼小手的灵活性;注重幼儿卫生习惯的培养,多利用故事、儿歌等对幼儿进行教育,并树立同伴中的学习榜样。

（二）社会领域

现状:经过小班的培养,到了中班,幼儿的社会性有了很大的发展,在情感、心理等方面发展都较为稳定。在集体活动中,他们了解和学会了一些与他人交往的方式方法,交往能力也有了很大的进步。大部分幼儿喜欢和同伴一起玩,有一定的同理心,当某位小朋友家庭发生变故、身体不舒服时很多幼儿会找老师问情况，表示关心。他们对班集体的事也开始留意，表现在常常和家长说幼儿园里、班级里发生的事和开展的活动情况，常常带一些班级活动所需要的物品来幼儿园。但个别幼儿对班级的规则还不能很好地遵守，自尊心较强的幼儿在受到批评时容易表现出强烈的愤怒与挫折感。此外，在与同伴相处上，个别幼儿还存在一些问题，容易产生嫉妒的心理，特别是××小朋友。在分享别人的成果、玩别人带来的玩具时，个别幼儿不注意爱护和使用，容易与其他小伙伴发生不愉快的争执。

对策：注重在各种具体的活动中对幼儿进行教育，发展幼儿良好的社会性行为，利用情感的感染、迁移等功能，引导幼儿感知各种具体的事物，在感知的同时去了解和理解社会的公共规则与要求，从学习遵守班级规则开始，逐步学习遵守社会规则。

（三）语言领域

现状：幼儿整体思维较活跃，常常喜欢围着老师问这问那，语言表达能力发展较好，敢于在老师或同伴面前表达自己的想法，能够在老师的提示下独立地讲故事，对日常生活中的各种事物、各种见闻也愿意叙述，特别是××小朋友，由于家庭和家长的原因，普通话发音比较准确，在老师提问时常常主动地发言，能起到一种同伴间的示范作用。但在语言表达中幼儿的词汇还不够丰富，完整性还不强，有部分幼儿说话时会着急，说话断断续续，在语言的交流中有一些困难，如××小朋友不会用恰当的语词表达。此外，大多数幼儿还缺乏良好的倾听习惯，特别是在听同伴说话的时候。

对策：多帮助幼儿认识和感知事物，让他们了解和理解代表事物的词汇，在丰富幼儿词汇的同时多与幼儿谈话，帮助幼儿组织自己的语言进行讲述；多组织幼儿间的交流，让幼儿在同伴中有学习倾听、学习讲话的机会，培养幼儿良好的听说能力。

（四）科学领域

现状：大多数幼儿具有较强的求知欲，对新鲜事物很感兴趣，集中精力从事感兴趣的活动时间较小班时延长；喜欢在动手操作的同时进行思索，喜欢问为什么，并对具体的事物进行一些与其形象相关的联想。他们喜欢小动物，常常要求班级饲养一些小动物。有的幼儿常常把自己家里的小鱼、小乌龟、小兔子等带到幼儿园给同伴观赏。他们对事物的认识能力和理解能力也逐渐增强了，在时间概念上能分辨什么时间该做什么事情；在空间概念上能区别前后、中间等方位；在数量上能自如地点数1～6，口头数数1～30；对物体类别的概念也有初步的认识，如区别轻重、大小、高矮等。不过，幼儿对植物似乎不是很感兴趣，表现为很少去观察班级自然角的植物；部分幼儿还未能分清左右，对物体的排序还不是很熟悉。

对策：多组织幼儿种植植物、认识和观察植物的生长，引导幼儿学习照料植物，使他们能在对动物感兴趣的同时也对植物感兴趣；引导幼儿从自身开始认识并分辨左右，利用不同物体帮助幼儿学习排序、分类以及数量的守恒等概念。

（五）艺术领域

现状：幼儿对音乐活动，尤其是音乐游戏很感兴趣，喜欢唱欢快的歌曲，部分幼儿一听到熟悉的音乐就会手舞足蹈，女孩子会特别主动地跟随音乐自由地跳舞。大多数幼儿能用蜡笔作画、涂颜色比较自如，喜欢用陶泥和面团做一些"面团"、"饼干"等东西。但在细致的手工活动方面，大多数幼儿会感到有一定的困难，特别是在用剪刀剪图形轮廓、用纸折叠小动物、用细小的颜色笔进行绘画等方面能力还不足。

对策：发挥女孩子的音乐舞蹈天性，设置音乐活动区，增加表演道具，吸引男孩子参与音乐活动；利用活动区和美工活动，帮助幼儿发展小手动作的灵活性，指导幼儿多使用小工具进行制作活动。

三、幼儿家庭情况分析

现状：从幼儿家长提交回来的调查问卷看到，家长对幼儿在幼儿园小班的生活、学习都比较满意，对自己孩子上中班都抱有更多的期望。我们发现，由于幼儿家长自身素质的不同，对幼儿的关注角度和对幼儿园教育的认识程度也有所不同。有60%的家长认为应重视孩子身体的发展，有45%的家长重视幼儿所学到的知识技能，有35%的家长较重视幼儿兴趣的培养，有80%的家长对孩子在幼儿园吃什么表示关注，有98%的家长希望幼儿园班级教师能经常与其联系与沟通，有95%的家长认为家访对孩子的教育意义很大，有80%的家长喜欢参加班级组织的活动，还有80%的家长愿意在班级活动中做志愿者，等等。

对策：利用各种方式，主动、及时地与家长进行沟通和联系，让家长了解幼儿园及班级的活动情况；善于利用家长的力量，扩大幼儿班级活动的范围、内容和方式；开展科学育儿的宣传活动，引导家长正确地对子女进行教育。

四、班级工作人员情况分析

现状：班上共有两位教师和一名保育员，一位是新入职的教师，担任副班主任，对幼儿园的班级管理工作不太熟悉，对班级里的幼儿也不太了解；另一位担任班主任的教师和保育员从小班就已经接触幼儿。我们三个都非常有爱心和耐心，相信我们能做好幼儿的保育和教育工作。

对策：在开学的第一个月里，帮助新入职的教师尽快地熟悉幼儿、熟悉班级工作；其他教师要多配合新教师，减轻新入职教师的压力；制订好班级工作计划，大家分工合作完成班级管理任务。

综上所述，中二班的幼儿发展良好，家长比较配合，教师团结协作，在新的学期里将有新的开始，也将会产生新的面貌。

马老师的班级基本情况分析报告很详细、很全面，有许多值得大家参考的地方。特别是对幼儿发展情况的分析非常详细，她除了结合《幼儿园教育指导纲要（试行）》中的五大领域来分析现状外，还提出了对策，为下一阶段的工作计划制订打下了一个良好的基础。

二、抓住重点——抓住主要问题和解决方向

幼儿教师在班级管理过程中,只有学会抓住重点,把主要的问题找出来,才能把班级管理中的问题一一地解决掉。要解决问题就要先找准问题,问题没有找准的话,就会"拣了芝麻,丢了西瓜"。

(一)归纳问题——把分散的问题相对地进行归类

幼儿教师应该从班级的实际情况出发,通过把所收集到的各个具体的问题或事例进行分析,找出它们的共性,把每一个单一的问题按一定的类别进行归类,从而得出一些具有共性的、大多数幼儿或家长都会存在的问题。这样更方便幼儿教师对问题进行深入的分析。

1. 找出共性的问题

在众多的问题里,我们要把最接近的、最相似的问题先拿出来,这些带有共性的问题,也往往是班级里最普遍的问题,形成的原因不同,但表现的形式基本相似,幼儿园教师必须重视并进行深入细致的分析研究。

比如,上文中二班的案例中,幼儿教师在制订班级管理计划时可以归纳出的问题有:

- 幼儿的动作发展和卫生习惯问题。
- 幼儿的社会性情感和社会性行为问题。
- 口头语言交流和表达中存在的问题。
- 对科学与音乐活动的关注问题。
- 家长对知识技能重视、对孩子的兴趣培养不够重视的问题。
- 新入职教师熟悉班级管理与熟悉幼儿的问题。

2. 分类归纳的方法

由于归纳问题需要找出问题的共同特点，需要找出那些具有代表性的问题，因此幼儿教师就需要按照一定的方法来归纳问题。以下方法，幼儿教师可以根据自己班级的实际情况来运用。

（1）问题分类法。幼儿教师自己可先制作一个问题的类别表，然后按照这个分类表上的分类体系，将各个问题归到与这个问题的内容性质相同或相似的那个类别组里。

比如，针对"幼儿班级基线调查的问题"，问题分类法是这样运用的：

- 问题分类体系——幼儿家庭的基本情况、幼儿生活的基本情况、家庭教养的基本情况以及幼儿发展的基本情况四个方面。这四个方面可以作为归纳问题的类别表里的分类体系总纲。
- 分类问题——把在问卷调查中、在幼儿行为观察中、在与幼儿班级的前任教师交流中所得到的信息，按不同的类别逐一地放进分类表里，使各种分散的问题相对地集中起来，方便幼儿教师在制订班级计划时能准确地、较快地找到主要问题。
- 归纳问题——对每一类的问题进行总体的表述，并依据幼儿园和班级的各项工作要求以及幼儿的实际情况，把最需要马上解决的问题列出来。

（2）问题拓展法。要想使自己对问题的思考能达到一定的宽度和深度，幼儿教师就要对问题进行必要的补充和拓展——线索的延伸和思维的迁移等。在这种问题扩展的过程中，幼儿教师就可以借助于某一个问题打开自己的思路。

比如，针对幼儿语言领域里的问题，问题拓展法是这样运用的：

- 基本的问题——班里的幼儿存在口头语言交流和表达方面的问题。
- 拓展的问题——语言教育是否出了问题？平时在幼儿运用语言进行

交往上的引导是否适当？能否详细地了解班里孩子语言交流上存在哪些具体的困难并能找到解决的方法？
- 聚集的问题——要了解幼儿在语言交流方面存在哪些具体的困难。

（二）确立标靶——确立解决各类问题的主攻方向

像射击运动需要有标靶一样，幼儿园班级管理也要有自己的标靶，即目标。不同的幼儿园班级管理任务是有不同的标靶的，幼儿教师应该在分析归纳自己所在班级幼儿存在问题的基础上，再根据实际情况去确立管理标靶。

1. 新入园的托、小班幼儿

在新入园的幼儿班级里，一切都是新的开始，幼儿是新的，幼儿家长是新的，幼儿教师与孩子、与家长的交往没有任何基础，幼儿教师只能在幼儿入园报名时家长所填写的基本资料上了解点滴的信息。这时，确定新班级的管理标靶应以全面为主，主要表现在对待幼儿和家长两个方面。

（1）幼儿方面，包括幼儿情绪的稳定性、幼儿生活的规律性、幼儿活动的丰富性和幼儿照顾的个别性四个方面的内容。
- 幼儿情绪的稳定性。这是幼儿教师面对新入园幼儿时最需要解决的一个问题，包括如何理解幼儿与父母分离时所产生的焦虑情绪，如何以母爱的情感去安慰幼儿，以及如何用温柔的方法稳定幼儿的情绪等。
- 幼儿生活的规律性。这是新入园幼儿开始集体生活时最不适应的一个问题。幼儿教师需要了解如何制定适合本班孩子的生活常规，如何帮助幼儿了解和明白这些生活常规，以及如何在班级活动中引导幼儿把这些生活常规逐一地建立起来等。
- 幼儿活动的丰富性。这是幼儿教师面对新入园幼儿在进行教育教学活动时最具挑战性的一个问题，包括如何在开学初期以尽量短的时间了解班里幼儿的发展现状，如何在了解幼儿发展的基础上制订教育教学计划，以及如何运用多种手段去开展教育教学工作等。

- 幼儿照顾的个别性。这是幼儿教师在面对新入园幼儿时必须要兼顾的问题。幼儿教师在面向全部幼儿的基础上要懂得如何照顾好个别有需要的幼儿，如何为个别身体较弱的幼儿制订照顾和锻炼的方案，以及如何在集体的活动中设计适合个体的活动等。

（2）家长方面，包括对家长心情的理解和与家长的沟通两个方面的内容。

- 对家长心情的理解。包括如何理解家长与自己幼小的孩子分离所产生的焦虑情绪，以及用什么样的方式方法安慰家长的心情等。
- 与家长的沟通。这是幼儿教师与新入园幼儿家长建立良好关系最需要、也最能得到家长认同的问题，包括以什么样的方式与家长沟通，如何使家长了解自己孩子在幼儿园的情况，以及如何回应家长所提出的问题和要求等。

2. 新接手的中、大班幼儿

由于这个阶段的幼儿已经有小班的生活、游戏、学习经验，对幼儿园的环境、对班集体的活动、对自己的同伴都有了一定的认识和熟悉，幼儿教师即使不跟班走，也因为与这些幼儿在同一所幼儿园里，在一定的程度上跟他们有联系并知道他们的一些情况。确定新接手的中、大班的管理标靶，幼儿教师应注重接手时的适应问题。具体包括以下几个方面的内容：

- 原班级已经形成但未解决的问题。
- 升班后可能会遇到的新问题。
- 幼儿与原班级教师的联系问题。
- 幼儿教师与家长的沟通问题。

3. 小、中、大班都是自己带的班级

这种情况对幼儿教师来说是很幸运的一种状况，因为幼儿教师与幼儿、家长在一年又一年的相处中由不熟悉到很熟悉，彼此在情感态度、默契方面等都在不断地得到增强，因而幼儿教师的工作比较容易开展。确定小、中、大班都是自己带的班级的管理标靶，幼儿教师应注重阶梯式的管理标靶。具体包括以下几个方面的内容：

- 在小班的时候，幼儿教师班级管理的标靶应该是全面的、细致的。
- 注意幼儿升班后可能遇到的困难，中班幼儿在身体动作上、口头语言表达上、思维活跃性上、对事物的好奇心和对物品的操作兴趣上；大班幼儿在对自己行为的抑制能力上、明白事理并愿意听从劝告上以及对事物的分辨能力上都有着不同的区别。因此，不同年龄段幼儿的班级管理标靶会有不同的方向。
- 既然幼儿教师与家长已经有了一定的了解和默契，那么如何在家园协作教育方面继续相互配合将是幼儿教师在制订管理计划时需要考虑的标靶之一。
- 班级里的教师是否更换以及继续合作的问题也是其中的重点。

（三）制订措施——对应每一个问题寻找解决方法

幼儿教师在对上述问题进行了分析、归纳和确立了主要的标靶后，就应把解决这些主要问题的方法确定下来，以便更好地执笔制订班级管理的计划。

比如，上文幼儿教师在"幼儿园中二班基本情况分析报告"中对幼儿的语言方面的现状进行分析后，就应该把教育对策简单地列出来，再用问题拓展的方法去分析和归纳出下面的主要问题，并列出一些实实在在的解决措施。

幼儿语言发展现状：幼儿整体思维较活跃，常常喜欢围着老师问这问那，语言表达能力发展较好，敢于在老师或同伴面前表达自己的想法，能够在老师的提示下独立地讲故事，对日常生活中的各种事物、各种见闻也愿意叙述，特别是××小朋友，由于家庭和家长的原因，普通话发音比较准确，在老师提问或学习中常常主动地发言，能起到一种同伴间的示范作用。但在语言表达中幼儿的词汇还不够丰富，完整性还不强，有部分幼儿说话时会着急，说话断断续续，在语言的交流中存在一些困难，如××小朋友不会用恰当的语词表达。此外，大多数幼儿还缺乏良好的倾听习惯，特别是在听同伴说话的时候。

归纳的主要问题：我班的幼儿在口头语言交流和表达方面存在一些问题。

拓展出来的问题：我的语言教育是否出了问题？平时我在幼儿运用语言进行交往的引导方面是否适当？我能否详细地了解班里孩子在语言交流上存在哪些具体的困难并能找到解决的方法？

解决问题的措施：在一个短期的时间内（一个星期）了解幼儿存在哪些具体的语言交流困难，并针对幼儿的具体表现进行具体的指导或个别的辅导。

（李麦浪）

三、有章可循——形成工作所需的条文

关于班级管理计划，各地区、各个幼儿园的要求都有所不同，有的要求写学年工作计划，有的要求写学期工作计划，有的要求把教育教学和班级工作计划分开写，有的要求把这两方面的内容结合起来写。但不管怎么样，大致可以包括这些内容：班级基础情况分析、班级工作重点、教育教学内容与要求、保育保健工作、家长工作或家园合作等方面。幼儿教师可

以根据自己地区或自己幼儿园的要求进行不同的分类和撰写。

（1）班级基础情况分析。前面已经介绍了很多，因此在成文时班级基本情况可以是简写，并附上前面所做的基线调查分析报告。

（2）班级工作重点。这就要求幼儿教师把本学年或本学期的主要工作或是工作的重点与难点，一项一项地列举出来。

（3）教育教学内容与要求。这就要求幼儿教师初步制订出本学年或本学期幼儿在各个领域里的学习内容，可以定得具体一些。

（4）保育保健工作。这就要求幼儿教师把本班幼儿保育工作方面的注意事项、卫生保健的工作措施等具体地写出来。

（5）家长工作或家园合作。这就要求幼儿教师把家长工作方面的要求以及家园共育方面的举措等罗列出来，也可以是一些具体的活动内容。

（一）执笔成文——由班主任写出最初的方案

幼儿园的班级管理工作虽然需要班级人员共同完成，但班级管理计划一般都是由班主任教师去撰写的，以保证计划的完整性和全面性。因此，班主任在做好班级的基线调查和分析后，归纳出本班本学年或本学期需要解决的班级主要问题，制订出行之有效的工作计划，以便使班级管理工作有章可循，一步一步地达成班级管理的目标。

（二）共同讨论——征求领导或其他人的意见

幼儿教师写好班级计划后，把计划分发给班级同事，共同讨论并细化计划的内容；同时，也应把班级计划的初稿提交给幼儿园的领导或主管，请他们对班级的计划提出意见；收集了各种意见后，幼儿教师要对班级计划进行修改和补充，尽可能地完善计划，以便对班级管理工作起到更好的指导性作用。

（三）最后定稿——形成班级学年或学期计划

最后，幼儿教师要把成文的班级管理计划，以书面的形式放到班级的博客、QQ空间或同班级的每一位教师手中，以利于大家共同执行计划、检查计划的执行情况，并根据实际情况修改和调整计划。

下面是根据上文所述的"中二班的班级情况分析"，并结合幼儿园的工作计划要点，制订出的"中二班第一学期班级工作计划"。

一、班级管理工作重点

1. 营造一个宽松和谐的班级氛围；选择适合本班幼儿年龄特点、能力水平的教育教学内容，设计多样化的活动；重视幼儿发展的过程，做好幼儿成长档案的建设工作，让幼儿感受、体验自己成长的快乐并产生自豪感。

2. 工作人员同心协力，分工合作、互相配合地开展班级的各项工作；积极参加幼儿园组织的环境创设交流与自制玩教具比赛活动。

3. 继续做好家园共育的工作，争取家长的支持和配合，特别是要把环境创设和自制玩具的活动延伸到家庭，充分利用幼儿家庭的资源。

二、班级工作人员的分工

（一）班主任教师负责

1. 定期召开班务会，小结幼儿各方面的情况，共同商讨班级近期的工作，针对存在的问题寻求解决的办法。

2. 制订学期班级教育教学计划，安排每周的教育活动，组织和协调整个班级的教育教学工作。

3. 做好家园联系工作，利用家园联系栏、约谈、电话联系、家访等方式，及时向家长汇报幼儿在园的情况，和家长交换意见并相互配合，共同面对。

4. 规划班级环境，组织并指导同班级的工作人员创设主题活动区域，加强对区域活动的组织指导。

5. 指导班上新入职的教师熟悉幼儿园、本班级以及幼儿的基本情况，共同做好保育教育工作。

（二）副班主任教师负责

1. 协助班主任教师做好班级的各项管理工作，做好各种活动前的准备，与班主任教师共同完成教育教学工作方面的任务。

2. 协助班主任教师创设环境，负责主题区域的具体布置工作，做好区域材料的制作，及时调整更换区域材料并做记录。

3. 做好家长工作，协助班主任教师收集幼儿的生活、游戏、学习照片和美术作品等，记录幼儿的活动情况，与班主任教师、家长一起完成幼儿成长档案的建设工作。

（三）保育教师负责

1. 严格地按照消毒制度来开展工作，按时对午睡室、活动室等进行消毒，以防病毒感染。

2. 做好幼儿的卫生保健和班级物品管理工作，各种物品摆放整齐，保持桌面、活动室的清洁卫生，做到四角无杂物，让幼儿在干净、舒适的环境中生活和健康成长；培养好幼儿的良好的生活、卫生习惯，指导值日生工作。

3. 负责安全检查工作，及时发现问题及时纠正，需要更换的设备上报幼儿园相关领导。

三、教育教学工作方面

1. 帮助幼儿认识新朋友、新环境，让幼儿为自己升上中班而自豪，具有集体意识、竞争意识和集体荣誉感。

2. 开展各种形式的语言游戏，丰富幼儿的词汇，提高幼儿口头语言的表达能力，培养幼儿形成良好的倾听习惯。

3. 在幼儿园的种植园地中创设班级的种植区，开展班级的种植、养殖活动，引导幼儿热爱大自然，主动关心周围的环境和事物，有求知欲望。

4. 开展值日活动，指导值日生协商分工，有始有终地做好值日生工作，培养幼儿初步的为集体、他人做事的能力和责任感。

5. 创设语言、美术、数学操作、音乐表演等区域环境，把教育教学内容延伸到各个区域的活动中，让幼儿有更多的机会主动地参与活动。

6. 鼓励幼儿在游戏活动和区域活动中学习与同伴协商角色的分工，大胆地参与音乐和故事表演，能够运用语言、动作和表情表达自己的情感。

7. 开展"爱锻炼"的评比活动，鼓励幼儿尝试运用各种体育器械积极、主动地锻炼身体，积极地参加班级的体育活动和幼儿园的冬运会。

8. 培养幼儿良好的生活习惯，引导幼儿学习观察天气和衣着，并感受气温的变化，学习根据气温的变化以及自己的冷热感觉主动增减衣服。

四、教科研工作方面

1. 结合班里幼儿存在口头语言交流和表达困难这一问题，开展观察幼儿的教研活动，班级成员一起商讨观察什么、如何观察以及什么时候开展观察，等等。

2. 尝试开展电子版的幼儿成长档案研讨工作，与其他班级的教师、本班的幼儿家长一起商讨电子档案的方式、内容以及建档方法等问题。

（根据马倩媚老师的材料整理而成）

马老师的工作计划比较全面、细致，在工作重点的引领下把班级人员的分工、教育教学和教科研的具体工作都一一地列举出来，加大了班级里的教师在日常工作中的执行力度。

幼儿教师在了解了自己班级幼儿的基本情况，分析了幼儿发展的可能性以及共同存在的问题，确定了工作的目标和方向，做好了充分的思想准备和物质准备，计划好了一个学年或一个学期的工作任务并在此基础上一步一步地去完成任务后，班级管理工作就能有条不紊地开展了。

第七章 常规管理的行动策略

幼儿园班级常规管理包含幼儿的生活常规管理和教育常规管理。其中，幼儿生活常规管理的内容包括幼儿来园、进餐、睡觉、如厕、盥洗、喝水、离园等几个环节；教育常规管理的内容包括集体教学活动的管理、游戏活动的管理、体育活动的管理和外出活动的管理等。幼儿教师应该根据不同的时期幼儿的生理、心理特点和发展需要，以及常规教育的规律，来安排不同的指导内容。生活环节不同，教师的工作重点就不同，但只要我们掌握了一定的原则和技巧，就能很好地开展幼儿园班级的常规管理工作。

一、重在启蒙——培养基本的规则意识

规则意识，是指人们发自内心的、以大众公共的规则为自己行动准绳的一种意识。规则意识有三个层次：第一个层次是指关于规则的知识；第二个层次是有遵守规则的愿望和习惯；第三个层次是遵守规则成为人的内在需要，已成为一个人的内在素质。从规范向素质的转变，意味着规则已经不再是外界对自己的一种强制要求，而是由内心深处所产生的，在某种意义上是使人获得了真正自由的一种需要。

在幼儿园的班级管理中，培养幼儿基本的规则意识是很重要的，这对幼儿的个体发展以及对幼儿园班级集体活动的开展都是极有意义的。因

为，幼儿生活在幼儿园这个特定的小社会里，就必须学会遵守这个小社会的公共规则。只有建立在班级和幼儿园规则基础上的幼儿个人行为才是合理的行为。幼儿园是以幼儿的集体生活为基础的，在一个由众多孩子组成的班集体中，如果没有一定的规则就很难建立起一个有秩序的集体，没有有秩序的集体就没有一个共同的方向和目标，就很难开展各种各样的集体活动和教育教学活动。

此外，幼儿在从一个自然人向一个社会人的转变过程中，必须要了解和学习遵守社会的公共规则，否则将来很难立足于这个社会并得到更好的发展，而班级和幼儿园的公共规则就是一个很好的学习和锻炼机会。因此，幼儿教师班级管理的一个重要任务就是要培养幼儿基本的规则意识，帮助幼儿在对班级、幼儿园的规则有了基本的了解后，学习遵守班级和幼儿园的规则，逐步地产生把这些规则作为自己行动的准绳意识，愿意并自觉地去遵守它们。

适当的等待

中班幼儿对角色扮演游戏特别地投入，而娃娃家是他们最爱玩的一个活动区。这天，我远远地就看到4个女孩正在娃娃家里玩，她们手上各自抱着一个娃娃，围坐在小桌子旁，从她们的表情上看，感觉她们正在争吵着什么……我有点担心地走了过去，准备以一个游戏者的身份介入到她们的"纠纷"中。

当我走近时，听到她们之间进行了如下对话：

甲：我们两个都想当妈妈，我当大妈，你当二妈。

乙：我不是二妈，我是普通的妈妈，我是煮菜的妈妈，你是煮饭的妈妈。

丙：我也要当妈妈。

丁：这样就有三个妈妈了。

丙：我当买东西的妈妈吧。

甲：好啊！三个妈妈都有事情做。那么谁做宝宝？

这时三个要当妈妈的孩子都不约而同地把头转向幼儿丁。

丁：你们都是大人，我也要做大人的……我才不要做宝宝。

乙：那你就当大姨吧。

丙：那还是没有宝宝。

甲：有娃娃不就可以啦，娃娃是宝宝。

乙、丙、丁：好啊……嘻嘻……

于是她们的脸上都有了笑容。之后，她们在桌子上放了好几个塑胶篮子，分别盛着树叶、纸片、钮扣等。

我原以为幼儿在游戏中扮演角色是很偶发的，但是她们似乎在有意识地定位自己的角色，也在诠释别的角色和自己角色间的关系，就像是在主动构建幼儿之间的一种人际关系。幸好，我没有像往常那样去"及时"地干预她们。我觉得有时候适当的等待似乎会给教师一个了解幼儿、倾听幼儿的机会。

（一）建立规范——不同的活动有不同的要求

规范是指在一个群体中，为了使大家能更好地共同生活、学习和工作，由大家共同制定的行为规则、明文规定或约定俗成的标准。一个群体里的行为规范是具有普遍性意义、具有统一大众行为的东西。幼儿的行为规范，是指在幼儿园班级内由幼儿、幼儿教师、幼儿家长一起制定的或由幼儿、教师、家长代表制定的，适合班级各种活动的规章条文等。

幼儿园有很丰富的活动，不同的活动有不同的行为规范要求，各自的侧重点也有所不同，幼儿教师应根据不同活动的规范来制定班级的各种规则，也应根据不同年龄的幼儿班级来制定相适宜的规则。

幼儿在园各种活动的行为规范如下：

1. 来园和离园

幼儿来园时应配合保健医生晨检，身体不适知道告诉老师；能使用礼貌的语言与家长告别，向老师、同伴问好；自由地或与同伴一起玩安静的游戏和玩具；离园前主动整理好自己的桌椅和玩具，带好自己的物品；离园时能和老师、同伴说再见，不跟陌生人离园。

2. 饮食和睡眠

幼儿睡觉前会主动上厕所，安静地进入午睡室，不带各种小玩具上床；有次序地穿脱衣服、鞋子，会系鞋带，能把衣物等放在规定的地方；睡姿正确，能迅速入睡，醒后不影响他人，保持安静；起床后，在老师的指导、帮助下能整理床铺。吃饭时，在自己的座位上安静进餐，不大声说笑，保持桌面和衣服干净；吃完自己的一份饭菜，按规定放好碗筷，收拾好残渣；用清水漱口，用小毛巾擦干净嘴和手。

3. 盥洗和如厕

幼儿能有秩序地进入盥洗室，洗手、洗脸时不玩水、不喝生水，正确使用肥皂；能按要求正确洗手、擦手，洗后保持干净，不会到处乱摸；能自己大小便，会使用便纸；便秘、腹泻时会及时地告诉老师。

4. 游戏活动

幼儿能积极地参加各项游戏活动，遵守游戏规则，不喊叫、不乱跑；正确使用玩具，爱护玩具，轻拿轻放，玩完后分类收拾、摆放整齐；在老师的引导下自己选择游戏材料、内容、同伴、角色和场地；学习与同伴合作游戏，主动交往，共同解决游戏中发生的问题。

5. 学习活动

幼儿能积极地参加各种集体教育活动，注意听老师、同伴讲话，主动思考，举手发言，大胆地在集体面前回答问题，养成良好的语言听说习惯；活动中喜欢动脑，大胆操作；养成用眼、握笔、站走、坐立等正确姿势；按意愿选择并进行区域的活动，与同伴一起协商，活动有始有终，不影响他人。

6. 户外活动

幼儿能自觉地在指定的范围内活动，不玩危险性游戏，不到危险的地方玩；积极参加体育活动，活动前整理服装、系好鞋带；在冬天的活动中不怕冷，坚持锻炼身体；精神饱满地随音乐做各种操节，动作有力、准确；在老师的提示下控制运动量，不连续做剧烈运动。

（二）强化规则——在不断的重复中加以巩固

了解和知道规则不是最重要的，最重要的是愿意和习惯遵守规则。规则的强化能帮助和引导幼儿遵守各种规则。这里所说的规则强化是一种正强化，是为了帮助幼儿建立一种正确的适应性行为模式，而给予幼儿一种好的刺激。比如，运用奖励的方式使某种正确的行为模式重复出现并保持下来，进而让幼儿在规则中成功地建构自我，逐步地拥有一种内在的力量，在将来的人生道路上生活、学习、工作能更加顺利，发展得更好。

1. 必要的重复

幼儿教师在帮助幼儿强化规则的时候，要不断地重申规则，每天坚持提出同样的要求，还要按照幼儿的需要进行定时、定事的练习。

生活过渡环节的灵活安排

早上区域活动结束后,先是收拾玩具,然后是游戏评价、盥洗、喝水、进行下一个活动,这些周而复始的过渡性的日常活动,对于幼儿来说是一个规则强化的大好机会。但由于这些活动都是集体行动,经常会出现收拾玩具时动作快的幼儿在等待动作慢的幼儿;评价时,幼儿由于对别的活动区的情况不了解,往往无话可说;盥洗喝水时,幼儿在厕所聊天、在盥洗室打闹的情况时有发生……我们幼儿教师常常为幼儿的这些行为问题大伤脑筋。怎么办呢?

我利用音乐作为环节的转换信号,特意把音乐的时间延长在整个过渡环节中,并将单一的活动内容变为可依幼儿个人需要进行的多项选择。幼儿可以在音乐声中收拾玩具,然后去盥洗、喝水,也可以在喝完水后参观各个活动区域,向同伴介绍自己的活动情况。每天的值日生作为"小小检查员",督促、提醒其他幼儿赶紧做好各自的事情,要守时;教师根据幼儿的完成情况结束音乐,幼儿听到音乐停了就要回到自己的座位,进行活动评价。这种方式大大激发了幼儿的主动性,幼儿收玩具时的等待现象没有了,混乱现象减少了,评价时也有的可说了。这样一来,可以让幼儿根据自己的需要主动选择活动内容,把过去相互等待的时间留给幼儿自己去安排活动,使幼儿成了过渡环节的主人。

现在,在日复一日的过渡环节的规则强化后,原先的等待和混乱现象已经没有了,教师和幼儿都感到此环节的舒适与平和的状态。这种方法同样也适用于教学活动与教学活动之间的过渡,同样也能收到不错的效果。

(邓晓新)

邓老师在日常生活中注意对幼儿进行规则意识的培养和遵守规则行为的强化,这个很重要。日常生活是幼儿成长过程中不可缺少的部分,特别是在幼儿园的班级里,群体的生活如果没有规则的话,大家就难以和谐、有序地共同生活了。

2. 合理的奖惩

对幼儿的良好行为给予积极的表扬奖励，对其不良行为进行批评惩罚，这不仅有助于塑造幼儿的规范行为，而且有助于提高幼儿的是非判断能力，帮助幼儿形成正确的是非善恶观。对于奖惩的运用，总的原则是：以表扬为主，批评适度；塑造为主，纠偏为辅。

争当"小老师"

新学期开始了，在学习做早操时，我尝试请个别动作比较到位的孩子当"小老师"，检查一下其他小伙伴的手臂往两侧抬起时是不是和肩膀一样高，以此作为一种"奖励"机制，鼓励幼儿更好地做早操。

俊：璘，你的小手要举起来啊！

俊：手臂要伸直才更有精神！你看我！（俊自己做了一次示范）

俊：现在好了，你先把手臂放下，然后再抬起来，让我再看看你的动作。

俊：老师，璘的动作进步了，他也可以做小老师了！（璘的脸上笑开花，动作更认真了）

这样一来，许多小朋友都很注意自己的动作，认真地学习新操，都希望自己能当一次小老师……让能力强、动作做得好的幼儿去帮助同伴学习，不仅能增加小朋友学习早操的积极性，也降低了教师一人指导全体幼儿的难度。

（区泳仪）

区老师用这样的方式作为对幼儿遵守规则的奖赏，真的很有意思。一是抓住了幼儿喜欢教师的表扬，喜欢在大家面前显示自己的能力等心理特点，让幼儿在各种活动中自觉地调整自己的行为，争当小老师；二是由于多了小老师，能帮助教师及时地发现和纠正幼儿的各种动作，帮助幼儿快速地学习新操。

在幼儿对社会行为规范已经有了较好的理解，能初步评价自己的行为后，幼儿教师在活动中适当的评价和鼓励能调动幼儿的积极性，帮助他们调整自己的行为，让他们从中获得成功感和自豪感。

二、重在过程——可持续阶梯式学习

幼儿教师在培养幼儿的规则意识，帮助幼儿学习遵守规则是需要一定的过程的，因此重视过程中的可持续发展和阶梯式的学习是很重要的。

（一）由浅入手——从最简单的规则开始

阶梯式的学习与发展讲究的是由浅入深、由近到远，一切的规则学习都必须要从幼儿身边的小事做起，是幼儿能经常接触并运用到的规则。

幼儿教师应该对自己班级里的各种常规进行分析，对不同的常规做一个分类。一般来说，生活常规是最基本的常规。由浅入手即从幼儿身边的生活开始，帮助幼儿建立起良好的生活常规后，再建立其他的常规就很容易了。

学会找老师

小班刚入园的孩子没有集体意识，就是让他们学着来老师身边也不是一件容易的事，就算你扯着嗓子大喊"请孩子们来到老师身边"或把铃鼓拍得啪啪响，他们也可能不会理会你，只是自顾自地玩或到处跑。那么，怎样才能让孩子们养成良好的常规，学会听到铃鼓的声音就到老师身边呢？我想出了这样一个方法。

这天，我把孩子们带到操场上，然后说："老师今天和你们玩一个'找老师'的游戏吧，当你一听到老师的铃鼓声，你就要用你的小眼睛寻找一下，看看是哪一位老师在摇铃鼓，然后马上跑到这位老师的身边，看谁能最快找到老师。"我们班上的三位教师各拿一个铃鼓，分别站在操场的不同位置，然后轮流摇铃鼓，孩子们一听到铃鼓声，都东张西望地寻找着摇铃鼓的老师，找到后就马上开心地跑到老师身边。当孩子们都来到老师身边的时候，摇铃鼓的老师大声地表扬道："哇！你们很棒啊，这么快就能来到老师身边，找到老师了。"

在孩子们熟悉了这一游戏玩法后，我又适当地增加了一些要求，让游戏有点难度，提高他们对游戏的兴趣。我说："这次小朋友要闭上眼睛，不能偷看，当听到铃鼓声的时候，才能睁大眼睛寻找老师。"游戏开始后，三位教师不停地变换位置，让孩子们每次跑的位置都不一样。这样，当孩子们每次睁大眼睛看到老师在不同位置的时候都很新鲜，表现得很兴奋。几次游戏后，孩子们就初步形成了"一听到铃鼓声就到老师身边"的习惯。这类游戏虽然简单，但是对于刚入园的小班孩子来说，既有趣又能帮助他们形成常规，真是一举两得。

（马倩媚）

马老师对新入园的小班幼儿的教育很有心得。针对从没有进入过幼儿园、从没有在集体里生活过的幼儿，怎样才能让他们学会集中注意力、学会在需要听老师讲话时能留意听讲……这些都是每一个接手新班级的教师必须经历的。

（二）小步递进——随幼儿情况逐步增加

幼儿园一日活动的各个环节都有许多常规，幼儿教师在向幼儿提要求或帮助幼儿融入集体时，应该把各种要求进行细化，让孩子小步递进地发展。这里的"小步递进"指的是要顺应幼儿发展的需要,逐步地帮助幼儿形成常规。这就要求幼儿教师必须以尊重、相信幼儿的态度,注重对幼儿的观察并在此基础上制定出适合幼儿的常规,实施适合幼儿发展的教育措施,让幼儿按照自己的步伐走向目标,从而使教育更有针对性与实效性。

依依自己吃饭

"我不在这吃饭,我要回家吃!我要妈妈喂!"不管保育员老师怎么哄,依依就是哭着闹着不愿意吃饭,甚至还将老师分给她的饭菜端给别的小朋友。刚入园的依依还不适应幼儿园的环境,在家里都是要妈妈喂饭的。

见状,我拿着一本依依喜欢的图书《可爱的小动物》走过去说:"依依,我们先看看图书再吃饭吧。""小猴子喜欢吃什么呢?""喜欢吃香蕉。""小猫喜欢吃什么呢?""小鱼。""小兔子喜欢吃什么呢?""胡萝卜和青菜。"我们一边看,一边讨论……依依的情绪放松了。于是我指着碗里的饭菜说:"小动物吃了东西有力气,小朋友也要吃东西才有力气,没有力气,怎么回家?"依依点点头说:"我吃一点点,我要老师喂!""好吧,那先吃半碗,如果还没吃饱,再添一点点,老师喂你一下吧。"我给依依盛了半碗饭,喂给她吃,依依把饭吃完了。

第二天午餐时,依依还是要老师喂并坚持只吃半碗饭。"依依,老师先给小朋友添饭,你先自己吃一点儿好不好?"依依看着老师手里拿着分饭菜的勺子,不情愿地自己吃起来,虽然她的桌面和地上掉了不少饭粒,但她还是把饭吃完了。

一连几天,依依有时要求老师喂饭,有时自己吃,但她不再拒绝吃幼儿园的饭菜了,我们也逐渐增加了依依的饭量,同时故意将关注点放在其他孩子的身上,在看到依依想要老师喂饭的时也假装看不见。

"小霖,你自己把饭吃完了,桌子上、地上都没有饭粒,真棒!"我奖了一个小星星贴纸给小霖。"滨滨,老师教你擦桌子。"滨滨拿擦桌布擦完桌子,我给滨滨也奖了个小星星贴纸。

又过了一天，依依没有要求老师喂饭，自己吃完了饭菜。"依依的小手真棒，能自己吃饭了！如果下次桌面上不掉饭粒，能自己擦桌子，就更棒啦！"我表扬了依依，也奖了依依一个小星星贴纸。

接下来几天，每到吃饭时，依依就主动告诉老师："依依自己吃饭，不要老师喂。"而且，她在吃饭时特别注意了，没有掉饭粒，还学习擦桌子……

幼儿刚从家庭来到幼儿园是生活上的一大转折点，幼儿园里的许多规则并不能一下子都遵守。幼儿教师需因材施教，依据幼儿的能力、具体情况，一步一步地引导，才能让幼儿更好地适应环境。

（唐芸芬）

唐老师对幼儿的生活给予了无微不至的关心，也给予了很恰当的帮助。当幼儿不适应幼儿园生活，不了解或不能马上遵守幼儿园班级规则的时候，教师一步一步的引导是很重要的。教师先给幼儿提一些他们力所能及的要求，在幼儿向前迈一小步后，教师再提出一些要求，幼儿又向前迈进……小步骤的要求能使幼儿的发展步步递进。

（三）层次分明——不同的年龄有不同要求

由于幼儿的年龄幼小，身体的发育和心理的发展都有其特殊性，因此，幼儿教师应根据幼儿的不同年龄制定不同的规则，以便更好地适应和促进幼儿的发展。制定班级规则时，有三点前提应该注意：一是幼儿在活动中不会受到伤害，不会互相影响活动；二是能很好地利用环境；三是能根据幼儿不同的发展阶段逐步建立班级规则，帮助幼儿认识班级规则。

1. 小班的班级常规建立

幼儿教师应根据小班幼儿的年龄特点，建立适合小班幼儿的常规。

（1）小班幼儿的能力特点。小班的幼儿由于刚刚进入幼儿园，对集体生活还不能很好地适应，语言理解能力、记忆能力、对行为的控制能力等尚未很好地发展。在对规则的认识和执行方面，他们也存在着一定的"知"与"行"的困难，即即使知道了要遵守规则，也不能很好地去执行。他们也很难理解较复杂的规则，只能在相应的情景中，听教师简单的语言提示去执行。因此，小班的班级常规建立重点是制定简明易懂的规则，反复地提示幼儿遵守规则。

（2）小班班级规则建立有6个关键点。具体内容如下：

- 以帮助幼儿熟悉班级环境中的各个活动区域的规则为主，逐步延伸到幼儿园的各个活动场所的规则。
- 以实际的活动为基础，具体地制定适合幼儿的规则。
- 规则的要求要简单，使幼儿一听就能明白。
- 每一个具体的活动都要有适合这个活动的要求。
- 在活动前要反复地提出要求，提示幼儿遵守规则。
- 在活动后表扬遵守规则的孩子，强化幼儿的规则意识。

2. 中班的班级常规建立

幼儿教师应根据中班幼儿的年龄特点，建立符合中班幼儿的常规。

（1）中班幼儿的能力特点。中班的幼儿已经在幼儿园生活、游戏和学习了一年的时间，对于幼儿园和班级的环境以及活动都已经熟悉了，对班级的常规有一定的认识，开始意识到自己的行为对班集体的活动所产生的影响，能很好地听从教师的提示遵守班级的各种规则。但自我控制能力尚未发展得很好，在一些自己很感兴趣的活动中容易只顾自己而忘却了班集体的要求，也很容易不假思索地做出一些违反规则的事情。因此，中班的班级常规建立的重点是帮助幼儿理解规则的意义，在教师和同伴的提示下努力地做到遵守规则。

（2）中班班级规则建立有5个关键点。具体内容如下：

- 帮助幼儿了解幼儿园和班级的所有常规，在不同的场所活动时都必须提示幼儿遵守此活动场所的规则。
- 在班级内的各种区域活动，可以与幼儿一起尝试讨论如何建立规则和遵守规则。
- 注意树立良好的榜样，建立遵守规则的班级风气。
- 发挥值日生的作用，引导幼儿学习维护班级的秩序。
- 教师注意在活动小结的程序中点评各种活动的情况，及时纠正不良现象。

3. 大班的班级常规建立

幼儿教师应根据大班幼儿的年龄特点，建立适合大班幼儿的常规。

（1）大班幼儿的能力特点。大班的幼儿对幼儿园和班级的各项规则已经全面地了解了，开始能评价自己或同伴的行为，在集体活动中能学习控制自己的行为，对影响集体活动的不良行为也能指出并予以纠正。但有时也会因为图方便而不遵守规则，当活动复杂时也会偶尔忘记规则。

（2）大班班级规则建立有5个关键点。具体内容如下：
- 与幼儿共同讨论班级的活动要求，建立班级活动的各种规则。
- 在坚持一贯要求的基础上，也可根据实际情况进行调整。
- 发挥幼儿小组合作的作用，在大集体的共同活动中建立小范围的活动规则。
- 建立互相督促的机制，引导幼儿自觉地遵守规则。
- 注意引导幼儿进行适当的评价活动，帮助幼儿分辨是非。

三、重在互动——共同制定，共同遵守

一个班级的常规建立，关系到幼儿教师所组织的一日活动的质量与幼

儿的生活、游戏和学习情况。如果常规没有很好地建立起来，幼儿教师在组织班级活动的各个环节中，就要花费很多的精力和时间来维持秩序，幼儿应有的活动时间和质量就会受到直接的影响。因此，班级常规的建立很重要。

但一个班级里的几十名幼儿有各自的性格、特点和需求，要使大家能在一个集体里共同生活，就要使大家对班级的常规有一个共同的认识，有一个共同的努力方向。如果幼儿教师能尊重幼儿，尽可能地让幼儿参与决定，尤其是与幼儿的生活密切相关的事情，会让幼儿感受到自己得到了成人的重视，他们遵守共同制定的规则的自觉性也就自然增强了。因此，幼儿教师应该与自己班级的幼儿一起共同制定规则，然后共同遵守，这样更有利于幼儿的成长，也有利于幼儿教师组织班级活动。

（一）讨论状况——摆出现象让幼儿分析

在幼儿园班级的生活中，幼儿每天都会遇到各种各样的常规问题。如果能把这些反复出现的、又是幼儿亲眼看到的具体现象拿出来和幼儿一起分析，让幼儿了解或理解自己的行为与集体的行动之间的关系，对他们自觉地遵守规则很有好处，班级的常规也能很好地建立起来。

喝 水 规 则

早上体育活动后，大家开始拿自己的杯子喝水。树岩小朋友站在饮水机的前面喝水，因为挡住了水龙头的位置，被另外一位小朋友撞了一下，把衣服都弄湿了，我于是告诉大家不要在饮水机前喝水了。现在，华麟小朋友又站在饮水机前喝水了，我走过去问："华麟，你应该在哪里喝水呢？""坐在自己的位置上喝。""那你怎么站在这里喝？"没想到他的一句"在这里喝水方便呀"的回答使我一时无言以对。因为，现在不是规定的喝水时间，他是根据自己的需要来喝水的，而他的周围没有其他小朋友喝水,在这种情况下,为什么非要让孩子回到座位上喝水呢?

在接下来的活动结束后,又到了大家规定的喝水时间了。在喝水前,我跟大家讲了华麟的意见,请小朋友分析一下在哪里喝水更合理。正维说:"在饮水机前喝水很方便,而且不会因为端着水走路把水洒出来。"飞雨说:"不行的,大家都在饮水机前喝水,就没地方站了。"我说:"那我们去试一试。"由于华麟、芷君、全佑等几个小朋友站在饮水机前喝水,后面的小朋友因无法接水而急得大喊:"老师,我没办法拿杯子。""老师,我装不到水了。"等大家都喝完水以后,我问:"你们觉得这次喝水怎么样?"小朋友们都说:"不行,太乱了。""那你们觉得应该怎么样呢?"刘铭说:"在只有一个人喝水或人少时,我们可以站在饮水机前喝水,人多的时候就要回到座位上喝水。"

以前,我们只是机械地要求幼儿遵守常规,而且多数的常规是统一的、不可改变的,也很少考虑常规是否合理。这件事让我体会到,有许多时候,要因不同的状况制定不同的常规,让孩子共同讨论生活中的常规,参与制定常规,才能真正被幼儿接受并发挥常规的实效性。

(何妙玲)

何老师在幼儿喝水这个每天都要进行好几次的生活环节中,引导幼儿对现象进行了分析和讨论,引起了幼儿的关注。通过讨论和尝试,让幼儿清楚地了解到当自己以为是很合理的行为对班集体的活动产生影响时应该怎么办。

(二)列举要求——和幼儿一起罗列规则

在许多活动中,会有一些具体的、因活动的需要而建立的规则,此时幼儿教师应和幼儿一起罗列出规则或要求,使幼儿能更好地开展活动。教师可以从以下两个方面着手做:

第一，在开展某一个活动前，把这个活动的规则一条一条地列举出来，细心地说给幼儿听，让幼儿明白其中的要点，并知道怎么去做。

第二，在幼儿充分讨论以后，幼儿教师要对幼儿讨论的意见做一个归纳，把大家提出的应共同遵守的规则再一条一条地帮助幼儿明确下来，方便幼儿执行。

有礼貌的小客人

孩子们在"小动物的家"（活动区）玩了一会儿后，令人不舒服的情况出现了：玩具随处乱放，椅子乱七八糟，还有的孩子在争抢玩具呢！见状，我把孩子们集合在一起进行讨论，逐一地和孩子们罗列规则，帮助他们理解规则。

我：你们看看，如果去别人家做客是这个样子，主人会高兴吗？

孩子们看到了散落在桌子上和地上的玩具，都齐声说："不会！"

我：那要怎样做才是有礼貌的小客人呢？

盈盈：我知道，不能把别人的东西弄乱。

我：怎样玩才不会弄乱呢？

晖晖：玩完的玩具要放回原来的地方。每次只拿一个篮子里的东西玩。

诗诗：要有礼貌，不抢东西，小动物才会欢迎我们的。

我：但如果大家都很想玩同一种玩具，怎么办？

浩浩：可以先让给别人玩。

邦邦：也可以大家一起玩！

盈盈：可以轮着玩。

……

孩子们七嘴八舌地说着，看来他们都有相关的生活经验，都知道该怎样做个有礼貌的小客人。经过引导，对于一些常见的问题，幼儿还能提出自己的解决方法呢！在此基础上，我把孩子们的意见逐一地罗列出来，制定了在活动区操作学具的规则。由于之前孩子们都参与了制定规则的讨论，知道了为什么要制定这些规则,所以大家都很乐意共同遵守这些规则。

(丘韶霞)

丘老师在幼儿进行区域活动时,及时地分析了出现的问题并引导幼儿讨论,帮助幼儿清晰地了解在活动中建立规则的意义,并与幼儿一起罗列了各种规则。当幼儿的需要能在大家共同建立规则的基础上得到满足后,他们就更愿意去遵守规则了。

(三)适当呈现——让幼儿清楚记住要求

有时候,在一些具体的班级活动过程中,幼儿教师应及时地抓住某些很有代表性的例子或现象,与幼儿一起进行深一层的解析,具体、详细地分析规则的意义所在,引导幼儿遵守规则。但幼儿毕竟年龄小,对已经制定的规则有时也会忘了,那么幼儿教师就应该用一些适合幼儿的方式方法来帮助幼儿记忆规则和遵守规则。

班级的借书规则

班级借阅区在孩子和家长的积极响应和配合下终于成功建立了,孩子们开始了每周的借书活动。可是在每周的借书日总有孩子忘记借书,也有的孩子虽然借了书,但借书卡却不知道跑到什么地方了。

又到了借书日,上述的情况仍然存在,于是我把孩子聚集到借阅区里,问他们:"今天我们有哪一件重要的事情要做啊?"孩子们大声回答:"借书!""你们都借到书了吗?"有的孩子不好意思地嘀咕道:"还没有。"我继续问:"到底是什么原因没有借到书呢?为什么有的借书卡找不到了?""忘家了。""借完书没有放好。""我借了书还没盖印章呢。"孩子们七嘴八舌地回答道。"总是忘记了,该怎么办呢?有什么好方法可以让我们记住今天是借书日,记住借书的规则呢?"

孩子们沉默着，忽然，欣欣像发现新大陆似的说："我知道了，可以写下来贴在墙上，我妈妈有时候也会把容易忘记的事情写下来的。""是的，可以写下来。""可我们不会写字啊。"文浩说："梁老师，你写吧！"又有人提议："把规则写下来贴在墙上真是一个好方法，你们不会写字，但你们画的图画很漂亮啊！""我知道了，我们可以画下来。"子昊站起来说："这个想法真好，那我们就这么做吧！"于是我和孩子们一起，对之前已经制定的规则逐条地重温了一遍，让大家都清楚了具体要求后，再引导孩子们分成几个小组，每一组绘画其中一条规则，最后再投票选出大家认为画得好的画贴在借阅区的墙壁上。

从此，每到借书日，孩子们都能有条不紊地按着自己制定的规则进行图书借阅，借书日成为他们每周期盼的日子。

（梁洁纹）

上述案例中，在幼儿未能很好地执行班级规则的时候，梁老师通过帮助幼儿分析班级图书借阅现象，引导幼儿用力所能及的方式方法来呈现班级图书借阅的规则，让具体形象的图画及时地提醒幼儿遵守规则。

长时间养成的不易改变的动作行为、生活方式等都可以成为习惯，而习惯的形成是需要时间的，特别是良好习惯的形成更需要时间。班级的常规管理正是在不断重复的时间里，通过各种活动帮助幼儿建立各种行为规范，培养幼儿良好的行为习惯，让幼儿在班级活动中不断地身体力行，不断地养成习惯，使习惯成为自然。

第八章
环境运用的行动策略

　　班级的环境是幼儿生活的主要场所。在幼儿园的班级管理中,教师对环境的运用,一般是指对班级内环境的运用。按功能来划分,班级环境包括幼儿的生活环境、游戏环境和学习环境。

　　生活环境,主要涉及幼儿生活的设施设备以及让幼儿进行各种生活活动的区域,如午睡室、卫生间、活动室以及过道等以开展保育为主的区域。

　　游戏环境,主要是指开展各种游戏的区域,如娃娃家、表演游戏区、建筑游戏区以及美工游戏区等可让幼儿相对自由地进行游戏的区域。

　　学习环境,主要是指相对于游戏而言的教师组织学习活动的场所,如语言活动区、数学活动区以及科学活动区等智力活动相对高的活动区域。在这些场所,幼儿可以更加集中地得到教师的学习指导。

　　幼儿园的班级环境在幼儿的生活、游戏和学习中起着很重要的作用,幼儿教师要让环境说话,让环境充分发挥作用,这不仅仅表现在美化环境上,环境的规划也很重要,好的环境规划能让幼儿在不知不觉中投入其中。

一、巧用空间——不同空间需要不同的常规

区域的不同，活动环境的规划就不同，活动内容的设置和活动的指导策略也有所不同。这样就导致了各种环境规划、常规要求都有所不同。幼儿教师应根据自己班级里的环境、各种活动的区域等合理地进行区域活动场景的安排，设置丰富的活动，建立起有效的常规，并在日常生活中帮助幼儿了解、理解和遵守常规，以营造一个自由的生活与学习空间，形成良好的班级氛围，促进幼儿的健康发展。

（一）区域设置——给班级的环境规划各种活动空间

幼儿教师只有对自己的班级环境有一个完整的了解，才能很好地规划班级的各种环境；而区域规划得明晰而有次序，才能更好地思考如何把各种教育目标以及常规要求渗透在班级的各个环境中。

在规划各种区域环境时，幼儿教师应注意以下几点：

1. 考虑年龄

不同年龄的幼儿，在活动内容、活动能力上都会有不同的需要，因此按照不同年龄幼儿的实际水平进行区域的设置是很重要的。一般来说，小班的环境多以生活区域的设置为主，生活的区域要相对地大些。因为小班幼儿在幼儿园的一日生活中，需要成人对其有更多的生活照料，因此生活设施和生活区域是很重要的。中班的环境多以游戏区域的设置为主，因为这个年龄段的幼儿对游戏有很高的需求，特别是乐于模仿成人在生活中的角色，这就需要幼儿教师在班级的环境规划中多考虑并细致地创设情境。大班的环境多以学习型的环境设置为主，因为大班幼儿对知识学习的需求

逐渐加大，学习的主动性和积极性较高，特别是各种能让幼儿学习的活动区都很受他们的欢迎。

2. 动静分开

幼儿园的教育教学活动有的是相对安静的，有的是相对活动性强的，因此幼儿教师在设置班级的活动环境时，应该考虑把一些相对需要安静的活动区域与那些需要动作性强的、声音大的活动区域分隔开来，以保证幼儿能在一个不会因为相互干扰而受影响的区域内活动。比如，把语言活动区、数学活动区和科学活动区设置在一起，以便于幼儿在这些区域安静地学习和活动；把音乐活动区、娃娃家、建筑游戏区等设置在一起，以便于幼儿互相交流而又不怕受到声音的影响。

3. 通道流畅

由于幼儿在幼儿园里基本上过的是集体生活，因此当班级里的几十名幼儿都集中在一个活动室里的时候，通道是否畅通是一个很大的问题，这也是一个基于集体生活的安全问题，绝不容忽视。比如，班级的门口旁边可以放什么，不应放什么？幼儿进出卫生间的通道要预留多宽的位置？卫生间里的毛巾架应如何放置才不会影响幼儿的盥洗活动以及各个游戏区域或学习区域之间应如何连接等。

大班活动区的设计与周边空间的利用

活动区的设置是要善于利用班级环境的地理因素的，我们常常通过师生共同商量，采用固定和灵活设置相结合的方法，创设丰富多彩的、多功能的、具有选择自由的区角，让每个幼儿有机会用自己的方式进行学习。我们会尽可能地使活动动静区分开：一般将较为安静的区域安排在室内，如语言区、科学区、计算区等；把一些相对会发出较大声音的活动区域安排在靠近门口的位置，如表演区、建筑区、操作区等，并根据班级的活动内容和幼儿的游戏情况灵活调整。

把各个区域划分好以后,我们还充分利用活动区和教室四周的空白墙壁展示与班级活动主题相关的资料、照片以及幼儿的美术作品。这样,首先可以让环境说话,让幼儿与环境互动起来;其次,可以使各个区域有一个明显的区域划分界限,以方便幼儿的区分和活动;最后,可以把周边的空间利用起来。

比如,在开展"树"这一主题活动的时候,我们在班级门口的楼梯处用绿色的植物布置成一片"森林"(见图8.1),使之与活动区域、教育内容有机地融为一体;在班级的走廊墙上贴上幼儿亲手制作的各种树木(见图8.2),在自然角摆上小朋友从家里带来的各种盆景,在科学区里提供各种不同的树叶供幼儿活动。

总之,在班级环境中,所有可以利用起来的空间都用上了。我们还会根据季节的变化以及主题活动的变化,鼓励幼儿主动地配合教师布置周围的环境,并用自己的方式表达自己的感受,可以自由地选择表现的形式,共同装扮活动区。

图8.1 绿色的"森林"

图 8.2　树的主题墙

（邓晓新）

邓老师不仅对自己班级的环境进行了很好的规划，还充分地利用了班级周边的空间，把幼儿的活动延伸出去，既丰富了自己班级的活动范围，又能对幼儿园公共场所的环境进行环境的创设，使之与班级的环境连成一片。

（二）讨论场景——与幼儿讨论区域活动空间与内容

班级空间规划好后，幼儿教师应该组织幼儿对班级的各个区域的环境、功能等进行充分的讨论。在不同的场景中进行讨论有利于幼儿清楚地了解到区域的划分、活动的要求、材料的运用以及如何建立起和谐的人际关系等。

在与幼儿讨论场景时，可以围绕以下几个问题来进行：

1. 班级的区域有多少，是如何划分的

在各种区域基本规划好以后，幼儿教师可以组织幼儿一起观察各个区域，让幼儿明确地记住自己的班级在某一段时间内设置了哪些活动区域，各个区域的名称是什么，知道各个活动区域是如何连接的，以及每一个区域的出入口在什么地方等。

2. 每一个区域活动空间是怎样的，能容纳多少人进入

由于幼儿园里每一个班级的环境都有所不同，各种活动区域的空间位置和大小都会不同，这样会直接地影响班级活动常规的建立。因此，幼儿教师应组织幼儿在观察班级区域划分的同时，让幼儿清楚地知道各个区域的活动空间是怎样的，可以容纳多少人进入区域里活动，可以让幼儿尝试着进入，大家看看每一个区域究竟能容纳的人数是多少，制定一个大家认可的活动常规。

3. 区域活动内容是什么，活动方法是怎样的

幼儿教师和幼儿一起讨论每一个区域的活动内容是什么，了解每一个活动的具体方法、操作要求等。幼儿对活动内容和活动方法有了清晰的认识后，在活动时就更容易选择，不至于因不清楚活动内容而在各个区域之间游荡，白白浪费了活动的时间；也不至于在进入到区域后不知道如何操作而无所事事或影响别人的活动。

班级常规大家定

升上大班后，幼儿有主见了，在许多事情上都会有自己的想法，教师在常规的管理上不像小、中班那样简单了。因此，我有意识地激发幼儿参与班级管理的主动性，培养幼儿的自我管理能力，特意结合各自区域的活动，组织了"班级常规大家定"的活动。

首先，我给幼儿列举了班上的一些现象，比如在活动区中一些影响别人活动的现象等；其次，让幼儿分组讨论这些现象存在什么问题，我们应该怎样做才能保持班级的活动顺畅；再次，让幼儿把每组制定的规则用绘画的形式表现出来；最后，请每组派两个代表把自己组讨论的结果和制定的规则与大家一起分享。

活动一开始，只见其中一组的幼儿都像小主人似的，积极讨论着班上

存在哪些问题，要建立哪些方面的常规。有个女孩子说："我发现有很多男孩子喜欢在走廊上跑，这样很容易把经过走廊的弟弟妹妹碰倒，我们应该规定不能在走廊上跑和跳。"另一个女孩子说："对啊，上次我从厕所里走出来，差点就被皓皓撞到了。"旁边的男孩子说："那么我们应该画一个大家都看得懂的标记来提示小朋友啊！"悦悦连忙说："画一个跑步的小朋友，然后在小朋友身上画一条斜线，表示不能跑。""这样不好看。""应该在这个跑步的小朋友下面打一个红色的叉。"其他组员马上说："好，把标记贴在走廊上，小朋友看到后就知道这里不能跑了。"小组成员一致通过后，悦悦就拿起笔画起来了。（见图8.3）

另一组的小朋友讨论得也很激烈，有的幼儿说："我发现在图书角，有小朋友拿图书来卷着玩，图书都被卷得皱皱的。"旁边的幼儿马上接着说："还有的小朋友边看书边大声说，吵着其他的小朋友看书了。"晴晴说："我们应该规定在图书角就要安安静静地看书，还要爱护图书，不卷也不撕。"玥玥马上说："我们可以画两个小朋友，一个小朋友在安静看书，一位小朋友在说话，在说话的小朋友下面画一个叉，这样就知道要安静看书了。"（见图8.4）活动的后半部分，每组各派两名代表出来把自己组讨论的结果和绘画的标记讲解一下，得到大家的一致同意后，孩子们又忙开了，剪的剪，贴的贴，把规则标记贴在相应的位置，还提议选出检查员每天轮流进行检查和督促。

不要小看这样的活动。活动中，幼儿的积极性很高，都能意识到平时在哪些地方做得不足，因此在自己定好了活动的规则后都能自觉地遵守，而负责检查的幼儿也很认真地做好检查和提醒的工作，这样常规自然就很快地形成了。让幼儿参与班级管理，和幼儿一起建立游戏规则可以解决区域活动中的问题；让幼儿当活动的主人，让他们在自觉遵守的态度下形成良好的常规。

图 8.3　不要在走道上乱跑　　图 8.4　看图书要安静，不要大声说话

（马倩媚）

马老师把幼儿园班级规则的制定权交给了幼儿，在谈规则、建规则的过程中，幼儿的收获远远超出了"教师定规则、幼儿执行规则"的意义，特别是幼儿在发现班级存在的问题、分析问题的原因以及提出解决问题的能力方面都能得到很大的发展。

（三）展示场景——布置班级的各种活动区域与场所

幼儿教师规划好班级的各种活动区域与场所后，要把规划好的各种活动区域变为现实环境中的场景，就要进入布置环境的阶段了。一个班级的环境布置整体感很重要，如果整体感强就能很好地体现幼儿教师对整个活动室的规划，而整体感除了各个区域的划分合理以外，各种物品与材料的摆放也很重要，直接影响了场所环境的整体性。因此，幼儿教师可以从以下几个方面进行：

1. 考虑班级环境中各个区域的材料如何展现

每一个区域的材料既要有序合理地摆放，又要能达到一种很好的视觉效果；活动所需要的物品有条理地摆放可以减少一些不必要的走动，在方便幼儿自由活动的同时还要有利于整个活动的顺利开展。

2. 考虑各个区域在不同年龄班级的展现

不同年龄班级的幼儿，对区域的使用以及要求是不同的，因此幼儿教师应对自己所在班级幼儿的年龄特点有一个大致的认识和了解，并根据幼儿的年龄和需要来展示环境。

3. 与幼儿一起布置各种活动的环境

只有当幼儿也亲自参与环境的布置时，他们才能对环境有所了解和理解，才会很好地去珍惜自己的劳动成果，才会主动地进行活动，才会自觉地遵守活动的规则。

4. 适当地改变或更换各种材料的展示

幼儿教师需要根据幼儿的学习内容对班级各个区域里的环境进行调整，在调整后，幼儿教师应该先与幼儿一起观察变化了的环境，讨论环境变化的原因，这样有利于引起幼儿新的探索和学习的欲望，了解变化后的活动规则。

巧用布置

这天，在建构区发生了这样的一幕：三个男孩子正在用积塑制作"武器"。小杰说："你看我这枪多厉害，一枪就能打死怪兽。"小轩说："我的枪是很长的，可以射得很远，看我的！"（他瞄准了对面正待在"私人空间"里的两个女孩子）小朗说："我的太小了，你们都把玩具拿光了，我都没办法玩。"

他们的游戏内容让我很意外。记得前几天大家共同商议的建构区的主题活动是"上下九步行街"啊，为什么他们并没有按之前大家商议的主题进行构建，难道是因为环境中可利用的材料不够充分？于是，我发动家长把假期制作的"西关大屋"带到幼儿园，作为建构区域的补充材料，并在环境方面做了调整，比如挂上了"西关大屋""步行街"等图片，墙面仿制成"满洲窗"，这样整个区域的氛围都充满了浓郁的西关风情（见图 8.5）。

　　第二天，幼儿来到幼儿园。小轩到建构区一看，惊叫道："哇！这里真的好漂亮！"小杰说："我们去做把枪瞄准对面，好不好？"小轩连忙阻止："这里不是打枪的，这里是步行街，这是我和妈妈用盒子做的'百货商店'，你看！"小杰说："我也要做两层楼。"小轩说："我们来把这些楼房摆好吧，而且步行街也没有人用枪的，很危险。"我顺势说："原来你们都认识上下九步行街，很棒！以后我们就在这里建一条西关步行街。"

图 8.5　建构区里的环境

　　游戏在幼儿的发展过程中起着重要作用，它能满足幼儿的心理需要，让幼儿获得自由和快乐，而建构游戏更能够使幼儿获得多方面的经验，提高他们各方面的能力。由于之前的材料准备不足，加上幼儿的想象力和创造力还不够充分，致使他们偏离了主题，未能通过游戏体验多样的生活。现在通过调整环境，提供可拆拼、可搭建的半成品以及"西关大屋""满洲窗""花艇""华林寺"等具有广州荔湾特色的材料，起到了暗示的作用，使幼儿在与环境的互动中自觉地调整自己的行为，发挥其想象力，从而积极地投入到活动当中。

（区泳仪）

区老师对幼儿在建构游戏区里的活动观察得较仔细，在幼儿活动行为的反馈中找出原因，通过发动家长和孩子一起进行亲子制作，增加图片和游戏材料，在情感、知识、材料上给予幼儿更多的支持，让幼儿在建构区里能更加积极主动地进行有意义的活动。

二、巧用材料——不同材料体现不同的规则

幼儿园里班级活动的材料有很多，不同的活动区域有不同的材料，而使用不同的材料也需要有不同的规则，这样才能保证各类活动的顺利开展。因此，幼儿教师应引导幼儿研究班级里已经收集并分类好的材料，发挥各种材料对活动的隐形引导作用，帮助幼儿把各种材料展示出来并加以运用。

（一）准备材料——根据不同的活动进行材料的收集

幼儿园的班级活动区域设置是为了让幼儿能在一个相对自由的环境中进行游戏、学习和生活，而各个区域的环境材料是必不可少的。因为不同的区域需要不同的材料，而不同的材料能引发幼儿不同的活动欲望和兴趣，还能激发幼儿更多的创造性。

一般来说，幼儿园班级的材料可以分为以下几种：

1. 交流活动用的玩具与材料

这类材料包括各种图书（不同尺寸与形状的布制图书、塑料图书、传

统纸制图书等)、可供讨论的挂画(与自然、社会、生活、健康和安全等主题有关的图画)、各式玩偶及表演木偶戏的舞台以及语言游戏材料(卡片、贴绒板及动物、人物、图形等附件)等。幼儿可以利用这些材料进行自由阅读、师幼共读、亲子阅读、认知学习或故事表演游戏、角色扮演等活动,从而学习用语言表达和交流自己的需要和见闻,培养初步的阅读习惯和能力。

2. 角色扮演游戏用的玩具与材料

这些材料包括布娃娃及娃娃服装(各种规格)、娃娃家用品(餐具、寝具、厨具、盥洗用具等)、小家具(桌子、椅子、小床等)、各种食品模型、小医生玩具(听诊器、针筒等)、小司机玩具(方向盘、小凳子、汽车模型等)、各种人物或动物的形象胸卡以及扮演各种动物的头饰和服装等。幼儿可以利用这些材料进行各种游戏活动,在活动中学习用语言与同伴交流信息,学习表达自己的感受与情感,体验身体运动与物体控制的关系并得到相关经验的发展。

3. 结构性游戏用的玩具与材料

这些材料包括各种类型的积木、木板、木块,各种各样的积塑、塑料拼插玩具,各种规格的泡沫板、塑料板或纸板,已清洗消毒过的、可循环再用的罐子、盒子,小工匠玩具(由塑料或木料制造的、可敲敲打打的玩具),各种各样的动物、人物小玩偶,各式各样现成的或自制的纸质、塑料花草等。幼儿利用这些材料进行大型的建构游戏、自由游戏、桌面小型结构游戏、认知游戏。在操作这些材料的过程中,他们的小手肌肉得到运动、手眼协调性得到锻炼;通过动作,他们建立了里外、上下、前后等方位感,比较了厚薄、大小,学会了数数;学会用语言交流和表达自己的感想,学习与同伴交往。

4. 感知与操作游戏用的玩具与材料

这些材料包括听觉玩具材料（风铃、音乐盒和会活动的玩具、儿童音乐磁带、各种敲击乐器），嗅觉与味觉材料（鲜花、盖子上带孔的瓶装食用香料、可品尝的食物），触觉玩具（可拥抱的动物、布娃娃玩具，由法兰绒、皮毛、棉花、砂纸等制作的软性玩具，由各种材料织成的手套、挂饰，可触摸感知暖与冷的热谷类食物和冰块），视觉材料（彩色小球，镜子、色彩亮丽的图画、挂饰，可清晰感光的彩色薄片纸等），认知与操作材料（各类图书、彩色小积木、各种形状的镶嵌玩具、由木头或塑料制作的螺钉帽和螺栓或齿轮转动玩具、可固定门环和门闩的五金板、磁性板及附件、分类玩具、计数器、各种迷宫），以及自然物品（树叶、花草、水果、坚果等标本，鱼池、鱼缸等饲养小动物的设备，贝壳与石头等能堆玩的材料）等。幼儿利用这些材料可以开展各种学习与游戏活动，在此过程中认识事物，手脑并用，增长智慧。

5. 艺术活动用的玩具与材料

这些材料包括各种敲打乐器（可购买，可自制）、录音机及各类音乐磁带（空白磁带、歌曲、音乐磁带、故事与诗歌的叙述磁带，动物叫声、城市和农村的喧闹声磁带），各种动物及角色扮演的头饰，各种角色扮演游戏用的服装和道具（可购买，可自制），自娱自乐玩具（响铃、有美妙旋律的音乐盒、自制玩具鼓、节奏棒、木琴），绘画材料（用水作画的大刷子、蜡笔、油画棒、彩色笔、粉笔、拓印布团或海绵、画架、颜料及盛盘、工作裙以及各种规格的纸张），手工材料（各种形状与颜色的纸、杂志、报纸、广告海报、旧挂历、包装盒、装饰配件、橡皮泥、粘贴材料、剪刀），以及自然物品（花草、蔬菜等植物，小石块、贝壳、木板）等。幼儿既可以利用这些材料开展各种艺术感受与学习活动、角色扮演的活动以及艺术类的认知活动，也可以让幼儿进行自娱自乐的体验活动，从而促进幼儿得到更多的发展。

主题资料齐收集

最近，班里正在开展"昆虫王国"的主题活动，在"家园联系栏"和"班级网站"中，我们张贴了《主题教学计划》，包括主题由来、预设目标、筹备工作等，并利用餐后时间组织幼儿进行相关的讨论。

我问小朋友："你见过哪些昆虫？它们长什么样子呢？"晴晴说："我见过蝴蝶、蜻蜓，它们有翅膀，会飞。"滨滨说："我见过螳螂，它长着两个大钳子。"宁宁说："我知道蚂蚁是昆虫，它头上有触角。"宁宁的回答立刻引起小志的怀疑："蚂蚁没有翅膀，它不会飞，不是昆虫。"凯文马上反驳："我妈妈告诉我，蚂蚁是昆虫，有的蚂蚁是有翅膀的，会飞的。""是真的吗？"很多孩子将目光投向了我。

我假装神秘地说："这是个秘密！请小朋友回家和爸爸、妈妈上网或是到图书馆找找昆虫的图书、图片，还可以找昆虫的动画片、故事片，然后把它们带到幼儿园，我们一起来看看蚂蚁是不是昆虫，有没有会飞的蚂蚁，好吗？"小朋友欣然接受了任务。当天下午，我就通过"飞信"的形式，给家长们发送了协助孩子收集资料的消息。

第二天，有十几个孩子从家里带来了关于昆虫的图书（见图8.6）、图片、光碟和涂色练习册，还有几个孩子从家里带来了昆虫的玩偶和拼图。

"收集回来的东西放在哪呢？"在进行了"我收集的昆虫资料"分享活动之后，我和小朋友进行讨论。晴晴说："我的涂色练习册可以涂色，还可以照着画昆虫，可以放在美工区。"滨滨说："我和言言、政政还有程程带来的昆虫图书可以放到语言区让大家一起看。"珊珊说："我的昆虫拼图可以像喜羊羊拼图那样放在益智区。"看到大家都在将带回来的资料分类，炜炜为难了："我的蜜蜂宝宝（玩具）和蜻蜓宝宝（玩具）放在哪里呢？""以后谁还带昆虫玩具回来，就放在一起喽！"小志提出建议。

在这个主题活动中，我们将收集回来的资料分类之后，分别创设了语言区、数学区、美工区、益智区以及昆虫展览区（主要摆放昆虫玩具、模型、标本等）。除了幼儿收集的资料，我们教师也制作了"昆虫棋盘"（见图 8.7）、"益虫、害虫分家"（见图 8.8）等材料。另外，我们还让幼儿收集废旧光碟、一次性勺子等材料进行美工制作（见图 8.9），使各个区域的材料丰富起来。

图 8.6　幼儿自带的昆虫图书

图 8.7　教师设计的"昆虫棋盘"

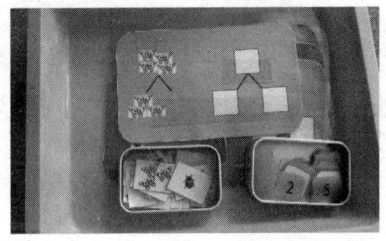

图 8.8　教师设计的"昆虫分家"材料

图 8.9　幼儿收集回来的废旧材料

（唐芸芬）

唐老师在主题活动开展的前期和幼儿一起讨论主题的内容、收集主题所需的材料并组织幼儿对收集起来的材料进行分类，这些活动本身就是幼儿探索和学习的过程。在这样的活动中，幼儿不仅能学到了关于昆虫的知识，更重要的是懂得了如何寻找知识的途径，这将是幼儿可持续发展的内在动力。

（二）研究材料——对各种材料分类研究其意义所在

对材料进行研究，在一定程度上能使幼儿教师和幼儿很好地思考其意义所在，思考材料和规则之间的关系，这些关系往往能使班级管理中各种隐性的规则和要求更好地呈现出来，从而使幼儿在利用材料的基础上，更好地建立班级的活动规则。

研究材料可以从以下几个方面入手：

1. 教师自己要对材料有清晰的了解

教师自己先对所收集到的材料有一个全面的了解，把材料与活动的关系找出来，做一个大致的分类，思考各种材料在班级的环境创设中的运用价值。

2. 教师要帮助幼儿逐步了解材料

教师在创设班级环境和区域活动环境时，可以和幼儿一起分析材料的用途。当大家了解到各种材料在不同的游戏中起到不同的作用时，就更方便幼儿在使用的过程中遵守规则了。

3. 在使用的过程中调整材料

在使用之初，有些材料会由于思虑不周而未能发挥其最大的功能，但一般会在使用的过程中显现出来，这就要求教师及时地对材料进行调整或补充，以满足幼儿活动的需要。

小托盘，大意义

"老师，这个玩具柜又乱了。""老师，这份材料放哪里？"在进区活动后，我总是听到这些抱怨，然后看到区域中的材料摆放显得零乱、不协调。通常情况下，我并不急于马上把原因告诉幼儿，而是对他们说："我们来个实地考察，看看到底是哪里出了问题？"幼儿一下子来了兴致，他们自发地分成几个小组到各个区域查看，结果一下子就发现因为每个区域的托盘颜色混乱，所以摆放时容易出错。于是，大家开始统计班上放材料的各种颜色的托盘数量，并把相同颜色的托盘放在一起，然后根据各区域所需要的托盘数量进行分配。

在分配的过程中，幼儿还发现数学区需要的托盘最多，同一种颜色的托盘满足不了这里的需要，怎么办呢？这时，珈昕说："浅蓝色和浅绿色的托盘颜色相似，可以放在一起。"这一想法马上得到大家的认同。在大家的同心协力下，每个活动区的材料都使用了不同颜色的托盘盛放，这样使用完材料后就可以轻而易举地物归原位了。

但是很快第二个问题就出现了。幼儿活动后总是把材料随手往柜子里一放就离开区域，虽然托盘的颜色统一了，但柜子里托盘的摆放仍显得杂乱无章。

在一次区域活动后，我带着幼儿到各个区域"视察"，并向大家提出问题："为什么托盘颜色统一了，但材料摆放得仍不整齐？"幼儿回答道："是我们没放整齐。"我又抛出下一个问题："为什么总是放不整齐呢？""有的横着放，有的竖着放。""没有标志所以不整齐。"幼儿七嘴八舌地找原因，于是我们开展了"需不需要在玩具柜上做标记"的讨论活动。在讨论的过程中，产生两种不同的意见：第一种意见认为需要，这样会有利于材料的摆放；第二种意见认为不需要，因为自己长大了，已经是大班的孩子了，可以不依赖额外的帮助自己完成任务。经过激烈的讨论，我们得出了以下结论：不需要做标记，但可以通过隐性规则暗示，即把全部托盘横着并靠边靠里摆放。隐性规则制定后，幼儿把材料摆放得可整齐了。

幼儿毕竟是幼儿，在日常生活中总会出现各种问题，这就要求教师要善于发现问题，与孩子一起去分析、研究、解决问题，在此过程中，达到双赢的目的。

（梁洁纹）

梁老师在幼儿活动出现问题的时候没有急于纠正，而是组织幼儿对活动的环境进行观察和分析，引导幼儿通过对各种颜色托盘的调整来规范班级活动区的材料放置，规范幼儿对材料的规范操作，从而很好地培养了幼儿面对问题、分析问题和解决问题的能力。

（三）运用材料——发挥各种材料在班级规则中的作用

在班级的活动中，幼儿教师最怕的就是组织游戏活动，这是因为游戏的内容多，规则也多，最容易出问题。然而，如果幼儿教师能够发挥各种材料在游戏中的作用，许多问题就能迎刃而解了。

一般来说，有操作简单的材料，有分类清晰的玩具和明确的图片提示，幼儿通常能较好地遵守游戏的规则。比如，在小班的区域活动中，可以用区域活动卡作为活动的标记，方便年龄小的幼儿学习遵守活动规则；在中班的活动区中，可以用"小鞋印"作为某一个区域的活动标记，来限制进入某一区域活动的人数；而在大班的区域活动中，可以用玩具的数量作为幼儿在此区域活动的暗示，幼儿可以按照玩具的数量以及当时的人数来判断是否可以进入此区域进行活动。这样，发挥各种材料在班级规则中的作用，以减少教师介入的频率，使游戏氛围更加和谐，有利于幼儿独立自主能力的培养。

小动物的家欢迎你

为了帮助小班幼儿尽早了解各个区域活动的常规,能主动地入区进行操作学习,我把教室里的每个活动区域都布置成小动物的家,还在每个小动物的家门口都贴上了醒目的标志,这样大家一看就知道是谁的家了,入区操作学具也变成了去小动物的家玩。

我:去小动物的家要有邀请卡的,还要把邀请卡放在小动物的标志上(见图 8.10)才能进去玩哦!(这里的邀请卡就是每个孩子的分区卡)

铭铭:老师,我很想去小鸭家玩!

丁丁:我也想去小鸭家玩!

图 8.10　邀请卡与动物标志

我:你们都可以去想去的地方玩,可是去之前要留心看看小鸭家的客人有没有满。如果人满了,就要去别的小动物家了。

东东:我知道了,如果客人满了还进去玩,就会太挤啦!

我:对了。但我们不能只去一个小动物的家玩,别的小动物也很想和小朋友玩的,所以我们要每家都去!

铭铭:我也想去小猫家和小狗家玩,里面也有很多有趣的玩具。

……

形象的比喻、醒目的标志与合理的区域划分，适合小班幼儿的年龄发展特点，能有效地帮助他们轻松掌握入区的规则。此外，他们也很喜欢教师这种游戏化的口吻，大都能自觉地去不同的小动物家做客，操作不同的学具。

（丘韶霞）

记录卡和计时器的妙用

自从我们大班教室来了一位新朋友——电脑，小朋友就兴奋极了，特别是那些小男孩，一到分区时间就会抢着去电脑区。

开始时，电脑区像别的区域一样，都是由孩子自由进区，先到先得，入区后再在分区卡后做记录。但是，渐渐地问题就出现了：有的孩子每周都有机会去玩电脑，但有的孩子却一次也没玩过，还有的孩子坐在电脑前玩了就不肯罢手，导致下一个轮候的孩子有意见，常常引起争执和投诉。

我想引起这些矛盾一定是有原因的。第一，分区卡的作用在电脑区发挥不充分。由于电脑区的入区人数少，全班幼儿不可能每周都轮着玩一次，而分区卡是每周更换记录的，所以不能体现让每个幼儿都能轮候玩到电脑区的作用。第二，幼儿不肯让位除了电脑里的学习软件很有趣、好玩外，还因为幼儿对时间缺少一个较准确的概念，缺乏外力的推动使他明白游戏的时间到了。

针对这些原因，我首先把一张全班幼儿的名单张贴在了电脑区旁，每个去过电脑区的幼儿就直接在名单上做记录，那么谁玩过，谁没有玩过，大家就一目了然了。然后，我给孩子们隆重介绍了一位新朋友——计时器，告诉他们这位新朋友是我们的"守时小闹钟"，时间一到它就会发出"铃铃铃……"的声音，提醒我们时间到了，该换下一个小朋友玩了。自从有了这两个新规则（见图8.11），幼儿在电脑区游戏的情况有序了很多，渐渐地大家都能遵守规则，不再争抢而是自觉地轮换或自发地大家一起合作玩游戏了。

图 8.11 "记录卡"和"计时器"

(丘韶霞)

丘老师在班级的区域活动中使用了具有形象性强、暗示作用大的"邀请卡"、"分区卡"来规范幼儿进入区域活动的行为。而当"分区卡"也不能使幼儿得到公平的学习机会时,丘老师又增加了"记录卡"和"计时器"来调整幼儿的行为,使班级的活动规则更为人性化,可操作性更强。

三、巧用角色——不同角色坚守相同的职责

在教育环境的构成要素中,教师本身也是其中的一个重要因素,教师对幼儿的指导直接或间接地影响着幼儿在班级活动中是否能遵守常规,是否能顺利地完成活动的任务。良好有序的班级常规并不是一天就可以形成的,需要教师和幼儿一起在对班级环境、活动、要求逐步了解的基础上,对各种常规达成共识后,教师在活动中不断地提示,幼儿在活动中不断地熟悉和执行才有可能达到。班级活动这么多,不同的活动需要教师有不同的指导方法。因此,幼儿教师在班级管理中所扮演的角色可以是多样的,

教师在指导幼儿的过程中应该注意自己的角色位置与角色间的转换。

（一）教师的角色——直接性的指导与提示

幼儿教师在班级管理中的直接性指导与提示很重要，特别是由于3—6岁的幼儿语言发展得很快，能听从教师的语言指示和教导，能在教师的指导下遵守班级的规则。因此，教师对幼儿的直接指导就更容易显现出教育的效果。

活动安排表

这天，王晶小朋友跑过来向我报告："何老师，楷楷把我刚才整理好的图书搞乱了。"敏喆也跑过来说："我正在走廊上喝水，楷楷跑过来，撞到我的杯子，水都洒到我的衣服上了。"

听到两位小朋友的诉说，我把楷楷叫到跟前。还没等我说话，他就已经很不耐烦地用两只手掩着耳朵，皱着鼻子和眼睛，大声申诉着："我有收拾玩具的，我也喝过水了，我的事情都做好了，是你们收拾得慢，我没有事情干。"我听到他的话愣住了。是啊，这可不能全怪他，他的手脚灵活，收拾玩具比别人快，他该做的事情都做好了，乖乖地坐着等待对于他来说是一件很难的事。如果他知道接下来的活动是什么，应该做些什么准备工作的话，就不会出现刚才的"捣乱"行为了。于是，我提议："这样吧，我们一起来制订一个活动安排表。小朋友看着活动安排表，谁收拾得快，谁就可以自己进行下一个活动内容，好吗？"大家都同意了。

说做就做，那么怎么做呢？谁来做呢？放在哪里呢？大家纷纷讨论起来。有的说画图画，有的说写上去，有的说拍照片，有的说把安排表挂在墙上，有的建议挂在门口，有的说挂在柜子旁边比较好。大家经过讨论，一致认为：请老师把活动的实况拍成照片（音乐活动、阅读活动、体能活动、美术活动、建构活动、探究活动、水上活动、自主表演活动、体验活动），然后把安排表做成活动式的相架，这样便于更换照片，然后把相片按照1、2、3……来排列，相架之间可用一些小圆点来装饰，小圆点表示小朋友自己掌握的自由时间，大家可以在这段时间喝牛奶、上洗手间、自主穿插一些自由的活动。

随后，我把活动安排表以最适合孩子们观看的高度挂在了门上。自从有了活动安排表，幼儿减少了等待，过渡环节也自然多了，孩子的捣乱行为也少了，这可真是一个两全其美的好办法。

（何妙玲）

在上述案例中，何老师运用了直接指导的方法，引导幼儿理解了在班级环境中建立合理的活动规则的意义。幼儿在教师的支持下发挥了聪明才干，制作出"活动安排表"，完善了班级的规则并把规则变为环境中的一部分，凸显了教师和幼儿互动的成果。

（二）游戏者的角色——间接性的指导与帮助

在幼儿园的班级管理中，教师的间接指导也是有效管理的法宝之一。特别是教师在尊重幼儿的心理、年龄特点基础上的间接指导和帮助，更能体现教师的教育智慧和能力。

与孩子一起玩

这天在区域活动时，几个孩子在玩"小医院"的游戏（见图8.12）。晔晔扮演医生，琳琳和宝乐扮演护士，小朱扮演病人，大家分工合作，玩得很愉快。但是，过了一会儿，小朱觉得扮演病人经常要躺在床上，不好玩。她提出要做护士，可琳琳、宝乐、晔晔也不愿意当"病人"。没"病人"来看病，"医生"和"护士"只能闲着，游戏就无法继续下去。

见状，我走进"小医院"，对她们说："我也来和大家一起玩吧！"孩子们欢呼起来:"唐老师,你真好。""唐老师,你要看病啊?""嗯。"我点点头。

于是,我当起了"病人",先在"小朱护士"那里挂号,后到"晔晔医生"那里看病。"晔晔医生"还真是有点"专业水平",摸了摸我的头,看了看我的喉咙,然后用听诊器听了听我的心肺部位,说我既感冒又发烧,得打两支针。我假装怕打针,"小朱护士"不停地安慰我:"不要怕,打了针、吃了药,病很快就会好的。"琳琳还像大人似的说:"你看我的针头很小,打针的时候就像蚂蚁咬你一下,很快就不痛了。"结果"琳琳护士"和"小朱护士"各帮我打了一针,等打完针以后,小医生和小护士还表扬我:"你真棒!"

游戏结束后,几个孩子还不停地对我说:"下次我们再到小医院来玩吧。"我顺势和她们一起商量如何分配角色,以及当大家都不愿当病人时怎么办。经过讨论,我们决定每人当一次"病人",这样既公平,又能体验多种角色。

幼儿的年龄小,当游戏中出现矛盾和问题时,他们不知如何处理,以至于游戏无法继续下去。这时,教师以游戏者的身份及时介入,参与到游戏中帮助幼儿解决问题。这样不仅能使游戏得以继续进行下去,还能引导孩子通过制定规则解决游戏中的矛盾。

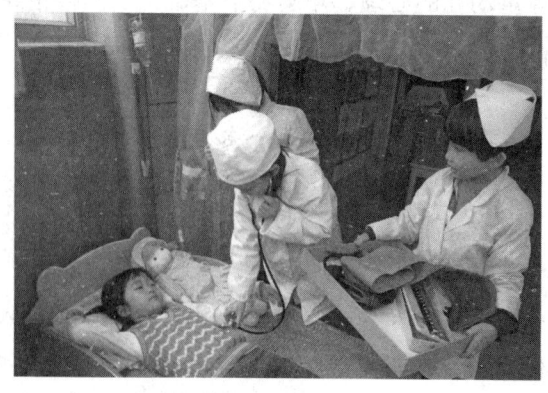

图8.12　角色游戏——小医院

(唐芸芬)

唐老师的角色转变很自如，当发现幼儿在游戏中出现问题时，她以游戏者的身份加入其中充当幼儿的玩伴，让游戏能够继续进行下去；当幼儿得到了游戏的满足后又恢复到教师的身份，引导幼儿进行讨论和分析，帮助幼儿建立起合理的游戏规则。

（三）朋友的角色——平衡性的指导与提醒

教师的平衡性指导是一种亦师亦友的境界，要求教师充分地把握好教师的主导与幼儿的主体这一关系，巧妙地把教师的角色与幼儿同伴的角色融和在一起，更好地发挥教师在班级管理过程中的主导作用，也更好地体现幼儿在班级活动中的主体作用。

巧妙运用小儿歌

这次我接手的是刚入园的小班幼儿，有相当一部分是没有读过幼儿园的，也没有集体意识，因此要建立班级的常规是很不容易的。

比如，在最初喝水的时候，因为刚进幼儿园的幼儿还没有养成喝水的习惯，我经常要一个一个地叫，一个一个地教他们如何拿好杯子、如何喝水。后来，我借助儿歌《小茶杯》很好地帮助幼儿学会了喝水。后来，幼儿每一次喝完水都不忘和我说："老师，我和小水杯亲嘴了。""老师，我是大口地喝水的。""老师，我能咕噜噜地喝水。"从此，幼儿喝水就自觉多了。

眼看儿歌这么受孩子的欢迎，我把幼儿的一些常规要求变成儿歌教给幼儿。比如，幼儿在吃饭后需要搬椅子、换鞋子，准备去午睡。于是，我就把这些常规要求编成简单的儿歌，让幼儿在朗读儿歌的同时，知道椅子应该怎样摆放好，脱掉的鞋子放哪里，让幼儿明确知道该如何去做。教师也可以一边朗读儿歌一边进行检查。不到一个星期的时间，幼儿在饭后都能自觉地搬椅子到指定的位置，然后自己换拖鞋和放鞋子，当老师来检查时，大家还跟着老师一边朗读儿歌一边检查自己有没有做好。

比起单纯的说教,用有趣而又短小的儿歌来吸引幼儿、提示幼儿,再加上肢体的动作,既可以很快地吸引幼儿的注意力,让他们在轻松愉快的环境的常规,又锻炼了他们小手肌肉的协调性,真是一举两得。

附:儿歌

小茶杯

小茶杯,装开水,
我和茶杯亲亲嘴,
咕噜咕噜喝下去。

椅子鞋子摆整齐

小椅子,聚一起,
一张一张不要挤。
小小鞋子放下面,
椅子鞋子摆整齐。

(马倩媚)

马老师根据班级常规建立过程中所遇到的问题自编了小儿歌,很符合幼儿的年龄特点,也充分体现了教师在班级管理中的主导作用。幼儿在儿歌的吸引下,更愿意服从班级的要求,更容易按照要求去调整自己的行为,更自觉地遵守班级的规则,充分地培养了自主的意识和主导发展的能力。

在很多时候,环境会影响着一个人的发展,也左右着一件事情的发生与变化,更决定了一件事物的价值。幼儿教师只有创设一种能吸引幼儿心理、激发幼兴趣、满足幼儿好奇心的班级环境,才能顺应幼儿的发展,促进幼儿的发展,这样的班级环境才是具有无穷力量的环境。

第九章
家园共育的行动策略

在幼儿的成长过程中，单靠幼儿园的教育是不可能达到最好的效果的，必须要依靠幼儿家庭、幼儿所在的教育机构以及整个社会来完成培养和教育的任务。

所谓家园共育，是指家庭与幼儿园共同承担起教育孩子的工作，通过各种途径和手段促进幼儿身心全面和谐的发展。

《幼儿园教育指导纲要（试行）》指出："家庭是幼儿园重要的合作伙伴。应本着尊重、平等、合作的原则，争取家长的理解、支持和主动参与，并积极支持、帮助家长提高教育能力。"它强调了幼儿园必须与家庭建立起双向、互动的关系。在家园互动中，既要帮助家长了解家庭教育的重要性，更好地发挥家庭所蕴藏的教育资源，提高家长的参与意识、角色认识、教育观念以及科学育儿的水平，又要引导家长在理解幼儿园教育的基础上配合、支持班级的教育与管理工作，实现多角度、全方位、深层次的家园互动，提高家园同步教育的有效性，共同促进幼儿的发展。

幼儿园家园共育的工作一般都是通过每一个班级、每一位教师来落实和完成的，因此，家园共育是幼儿教师班级管理工作中的一个重要方面。

一、多种渠道——使家园联系更方便

主动是一个人主观能动性的积极表现，主动行为能力强的教师，通过与家长的沟通，主动反映情况，主动征求意见，能轻松自如地做好家园共育的工作。家长把孩子交到幼儿园，就对幼儿园和教师有着一种期望："对我的孩子好一点，多关照一点。"同时，也有一些担忧："老师是否能常常关注我的孩子？老师会喜欢他吗？我的孩子不会上厕所、不会画画怎么办……"因此，主动反映情况，公平对待幼儿与家长；主动征求意见，"防范于未然"是教师掌握班级管理主动权的有效策略之一。

家园共育的途径和方法有很多，各有各的优势，也各有各的局限。在这里，我们选取了幼儿园教师家园共育工作中最常用的几种，把一些关键性的行动策略列举出来，希望幼儿教师能掌握一定的技巧。

（一）约见家长——面对面的直接交流

幼儿教师与家长的直接面谈，是教师的一种非常主动的行为，也是家园联系的一种非常重要的方式。教师应了解和掌握每一个幼儿的在园情况，主动、及时地向家长反映，让家长在听教师汇报的过程中，感受到教师对自己孩子的爱和关心，帮助家长放下思想包袱，尽量让家长提出自己的看法，了解家长对幼儿园、对教师的态度以及对自己孩子的期望，与家长一起分析孩子出现的各种情况，以达成一定的共识。

在与家长面对面的交流过程中，幼儿教师需要掌握一定的沟通技巧。

1. 倾听的技巧

倾听有助于幼儿教师积极主动地搜寻有效的信息，"倾听"与简单的

"听"不同，它能使我们及时地做出适宜的反馈。在倾听家长说话时，幼儿教师应注意用心去听，暂时把自己的想法放在一边，与家长一起体验他们的见闻和感受。要耐心，不要表现出不耐烦和不高兴的神情，通过目光接触、点头肯定、语言赞许等给予积极的反馈；要虚心，不要轻易打断家长的话，要善于发现对方思想中的闪光点。

2. 说话的技巧

把握说话的技巧能使幼儿教师和家长在良好的心理气氛中顺利地进行交往。说话是对自己思想和感情的表达，是要说给别人听的，因此应尽可能地减少双方的语言沟通障碍，注意综合信息、简化语言，使自己要表达的信息得以明确清楚地说出来，让家长对自己说的东西感兴趣、愿意听并能听明白。

（1）声调的恰当运用也很重要，这是保证谈话顺利进行的重要条件。同一句话用不同的声调、在不同的场合说出来，可以表达不同的甚至是相反的意思和情感：柔和的声调，表示坦率与友情；缓慢、低沉的声调，表示同情和关注对方；用鼻音哼哈应付，则显示傲慢、冷漠、鄙视，这会引起对方的反感。

（2）不同的家长在年龄层次、生活经验、文化背景、思想观念等方面存在一定的差距，他们的表达方式也不同。因此，面对不同的家长，幼儿教师也需要有不同的说话技巧，要选择有积极意义的以及适合对方的知识范围、育儿经验和对方当时心境的话题也很有必要，特别是在面谈交流开始时。对祖辈家长，我们表达时的语速可以放慢一点，以对方能理解的方式表达意思；对家庭雇佣的保姆，我们要尽可能使用简单的语言，让他们清楚自己该做什么、不该做什么；而对于幼儿的父母，我们可以以同辈的、较活跃的思维方式，并结合家长的职业特点、语言特点去表达意思。

3. 询问的技巧

询问是关注别人的需要、了解别人的状况，从而理解别人感受的有效方法。那么如何向家长询问，又要了解哪些信息呢？

（1）引导家长描述基本情况。比如，孩子在家里玩些什么？您有没有和孩子一起玩这个玩具？您是怎么和孩子玩的？孩子玩输了会怎样？您会和孩子说些什么？他不这样做时您会怎样？

（2）引发家长回忆和比较。比如，您是怎么知道孩子会这样做的？您有没有看到孩子是怎样做的？您以前看到的和现在看到的相同吗？有什么是不一样的（一样的）？

（3）引起家长"刨根问底"和因果推理。比如，您为什么会这么想？您的根据是什么？您怎么知道的呢？在这之前孩子是怎样的？后来为什么变成这样？您这样做了或说了以后孩子有怎样的反应？如果您不这样的话孩子会怎样？

（4）引发家长说不同的意见。比如，如果遇到这种情况您会怎样？您能举一个相反的例子吗？您能否换一种方法？您还可补充一些其他的意见吗？在这种情况下您有什么打算？如果不是孩子的错，您想可能是什么？

4. 非语言的技巧

服饰、眼神、表情、身体的动作姿态、空间位置等非语言行为直接或间接地影响我们与家长的沟通效果。因此，这种非语言的沟通是语言沟通的辅助和强化手段，它有时可代替语言传情达意，有时能传递语言难以表达的"弦外之音"，产生"此时无声胜有声"的效果。

（1）目光接触是最能传神的非语言交往方式。常言道，"眼睛是心灵的窗户。"目光的方向、眼球的转动和眨眼的频率，都可以表示特定的意思和流露情感。适当的目光接触可以表达彼此的关注。用友好的目光正视别人，表示尊重他人；用斜视看人，表示轻视他人；用柔和、热诚的目光看人,是对他人赞许、鼓励和喜爱;用东张西望的目光看人,让人感觉心不在焉。

(2)面部表情直接影响着沟通一方的情绪和情感。笑不露齿,表示满意和欢迎;微笑而脸部肌肉平和,表示在认真听、态度中立;笑而点头,表示认同;脸部表情木讷,表示不高兴;皱眉,表示怀疑、有困难;眉头上翘,表示有疑问、好奇……当然,这些都是面部五官综合性的表现。

(3)教师的姿态语言很有必要。教师举手投足都能传达特定的态度和含义:身体略微倾向于对方,表示对其热情和感兴趣;身体略微向前弯腰、微微欠身,表示对人谦恭有礼;身体侧转或背向对方,表示不屑一顾;摇头或摆手,表示制止或否定;双手向两侧外摊开,表示无可奈何;用手拍自己的脑袋,表示自责或醒悟;竖起大拇指,表示夸奖。

只要教师能注意在语言、表情、体态上支持、鼓励家长表达自己的观点,使家长感受到教师的真诚,就能自如地与家长进行沟通与交流。

(二)成长档案——双向互补的家园交流

"成长档案是证明或记录孩子当前发展轨迹的一种方法。"幼儿教师和家长通过一定的方式,观察记录幼儿一定时间内在日常生活、游戏和学习中点点滴滴的轶事,收集幼儿的各种手工或美术作品以及幼儿活动时的照片、录像等真实地反映幼儿在某一时期发展状况的资料。

幼儿的成长档案就像一座连接幼儿园和家庭的桥梁,将幼儿园教育和家庭教育紧密地联系起来。在这里面,有教师对幼儿在幼儿园里的生活、游戏和学习情况的描述,有对幼儿某段时期进步的表扬,也有对幼儿某些有待改善的问题的陈述和希望。同时,成长档案里也有幼儿家长对自己孩子在家庭里的生活情况的反映与评价,对幼儿园工作的建议与感受。

幼儿成长档案作为一种书面的材料,其内容大多为近期家长最关心的话题,满足了家长希望了解幼儿在园基本情况的需要。此外,幼儿成长档案因其里面的信息持久、有形、可以核实，而很受家长的喜爱和欢迎。

关于幼儿成长档案，一般可以有以下几种收集方法。

1. 做好计划

一般来讲，幼儿教师可以在开学初期、中期和期末三段时间里分别对幼儿进行各个方面的观察与记录。一个班级的幼儿人数一般为25～35个，如果要对每一个幼儿都进行一次观察和记录的话，观察记录的任务也是比较重的，因此幼儿教师应制订一个观察的计划。比如，需要观察记录幼儿哪些方面的内容，在哪些活动中可以观察到幼儿这些方面的表现，什么时候对哪些幼儿进行观察和记录，用什么方法来记录，班级里的几位教师如何分工合作，等等。

2. 观察幼儿

通过观察一个幼儿或几个幼儿的行为和活动，我们可以描述在什么情景中，幼儿在进行什么样的活动，有谁或有什么涉及其中，事情发生在什么时间和什么地方，是如何发生和为什么发生的，等等，以此来了解幼儿与幼儿之间、幼儿与事件之间、事件与事件之间的各种关系，恰当地解释幼儿的行为，正确地理解幼儿，更好地促进其发展。

3. 真实记录

我们可以用笔和纸记录幼儿的活动情况，也可以借用现代化的设备，如照相机、录像机等记录幼儿的实际情况，还可以选择幼儿的某一件作品保存下来，以作为幼儿发展能力的佐证材料。

4. 整理档案

教师及时地对幼儿每期的观察记录进行分类整理，把可以放进成长档案的资料分门别类，用一个文件夹收藏好，以便与幼儿及其家长分享。

5. 展示档案

让幼儿与其同伴和家长一起分享他自己的成长档案，说一说里面所记录的事情，讲一讲自己对档案里所记录的事情的看法。

同样，也可以允许幼儿把成长档案带回家里，让家庭成员一起收集幼儿在家里的相关材料，并放到成长档案里，这样就能全面地展示幼儿在幼儿园、在家庭里的成长过程。当幼儿园和家庭都了解幼儿的真实发展状况时，也就达到了双向互补式家园交流的目的。

以下是对某个儿童在阅览室里的图书阅读活动所做的观察记录和后续的师幼对话情况：

小茗进入阅览室后，在科学常识书架上选取了"动手翻翻看"系列图书中的一本——《珍奇动物》，然后坐下来看。当翻出半盖着的动物时他笑了，并发出"哗哗"的感叹声。看完图书后，他把图书放回原位，然后走到隔壁涂鸦区的桌子旁，看了一会儿其他小朋友画画，随后就从自制图书材料架里拿了纸和笔画起画来。他画了一些树林、大山和花草。最后，他来到视听区，对着录音机讲着自己的"连环画"："树林里有什么？不告诉你，让你猜猜。大山里有什么？不告诉你，让你猜猜。花草里有什么？不告诉你，让你猜猜。"可惜由于小茗的操作出现失误，没能把自己的故事录下来。

（分析：我们可以看到小茗在阅览室里的活动轨迹和活动内容，特别是发现了他的创新行为和语言——受到"动手翻翻看"系列图书《珍奇动物》的启发后，他画了一些树林、大山和花草，还自编了诗歌。小茗编的诗歌很有趣，因而引起了后续的师幼谈话。）

师：小茗，你画的连环画真好看，我们一起来看一看，好吗？

茗：好啊！你能不能看得懂？

（分析：儿童欣然答应，又向老师提出了挑战。）

师：让我试一试。这里有山、有树、有花，还有草对吗？

（分析：教师以"试一试"的态度和语气来肯定儿童的自信。同时引出谈话的目的，是想确定儿童刚才在阅读活动时所编的诗歌，并看一看是否能续编得更完整。）

师：刚才我好像听到你用这些画在讲故事，能讲给我听听吗？

茗：好啊！你听着：

　　大山里有什么？不告诉你，让你猜猜。

　　树林里有什么？不告诉你，让你猜猜。

　　花草里有什么？不告诉你，让你猜猜。

师：大山里有什么？你不告诉我，让我猜一猜。

　　树林里有什么？你不告诉我，让我猜一猜。

　　花草里有什么？你不告诉我，让我猜一猜。

　　这真像一首谜语诗，又像一个猜谜故事。

（分析：教师在这里用了一个重复和仿编的策略，既肯定了儿童编的诗歌，又向儿童做出了如何变化诗歌的示范，并向小茗提出用猜谜的方式去续编的方法。）

茗：对啊，对啊，就是要让人猜的。

（分析：小茗肯定了这正是他所希望用的方法。）

师：我想，大山里会有老虎。

茗：大山里有老虎，有狮子，有大象。

师：树林里有兔子。

茗：树林里有小白兔，有大灰狼，有长颈鹿，有猴子。

师：花草里应该有小虫子吧？

茗：花草里当然有小虫子了，还有蝴蝶和蜜蜂。

（分析：教师的"猜"与儿童因不满足而补充的内容交织在一起，体现了师幼思维的互动性。）

师：那就是说，这里可以有好多的动物？

茗：是啊，好多，好多。

师：现在我们可以先编一首谜语诗。你把你问的一句一句地说出来，我也把我猜的一句一句地回答出来，好吗？

（分析：教师又提出了一个更具体的仿编诗歌的方法。让小茗先说可以减少难度，让其有成功感。）

茗：大山里有什么？不告诉你，让你猜一猜。

师：大山里有什么？你不告诉我，让我猜一猜。有老虎、大象和狮子。

茗：树林里有什么？不告诉你，让你猜一猜。

师：树林里有什么？你不告诉我，让我猜一猜。有小兔、大灰狼、长颈鹿和猴子。

茗：花草里有什么？不告诉你，让你猜一猜。

师：花草里有什么？你不告诉我，让我猜一猜。有蝴蝶、蜜蜂和小虫子。

（教师一边回答一边把上面的诗句写下来。）

茗：老师，你在写什么？（教师的文字记录引起了儿童的注意。）

师：我把刚才我们一起编的谜语诗记了下来。

茗：哦！我们讲的都可以记下来吗？

师：是的，都可以用文字记下来。

（分析：这是一种潜在的影响。儿童可在我们的潜移默化中了解文字的意义和作用。）

茗：那大山里、树林里、花草里其实还有好多好多的动物。

师：是啊，我们的谜语诗还可以一直地编下去。

茗：好啊！

（三）对外宣传——家园互动的间接交流

幼儿园的对外宣传很重要。幼儿园一般可以通过自己的网站、宣传橱窗、园刊、家园通信平台等开展各种交流活动，在一定程度上体现幼儿园的实力和品牌,使社会上的各方面人士得以了解幼儿园。而班级的对外宣传,则主要是幼儿教师针对自己所在班级的教育教学工作需要,通过家园联系手册、班级公告栏、班级博客等方式开展家园间的互动交流。由于这些家园交流方式都借助于各种媒介,因此,是具有间接性的家园互动交流方式。

1. 家园联系手册

这是广大幼儿教师经常使用的一种家园交流手段,虽然幼儿教师只是每周或每月按照一定的格式,在家园联系手册上填写一次,但也能在一定程度上反映幼儿在家、在园的基本情况。

家园联系手册的内容包括幼儿及其家长的姓名、联系电话、工作单位和家庭住址等;有体现幼儿在园、在家生活、游戏和学习情况的内容;有关于幼儿园近期活动要求的内容;也有家长对幼儿园、对班级活动的反馈意见。

2. 班级公告栏

这是最常见、最容易做到的班级对外宣传工作,也是幼儿教师班级管理中的重要手段之一。公告栏作为班级教师向幼儿家长宣传教育工作的窗口,具有传递教育理念、促进家园沟通的作用。因此,幼儿教师应充分利用这一宣传阵地,根据班级的教育教学要求,设计好公告栏,制订各种能提高幼儿家长科学育儿水平的计划或目标,增添家园沟通的内容并定期或不定期地更换内容,以达到家园沟通、达成共识的目的。

(1)班级公告栏的位置。一般设在幼儿班级的门口两侧,或在班级的外围过道上,以便于幼儿家长接送孩子时观看和阅读。

(2)班级公告栏的栏目。班级公告栏包括教学工作、幼儿保健、幼儿游戏、家长园地、活动新闻及家园配合等,并把各种相关的内容以艺术性较强的方式展示出来。

3. 班级博客

这是一种非常具有当前宣传价值的一种途径，目前只有少数幼儿园的班级教师能建立班级博客。这种利用现代化手段来进行家园间互动交流的方式很有意义。有许多年轻的家长由于工作比较繁忙，不能每天亲自接送孩子，而是由幼儿的保姆或祖辈家长代为接送。因此，幼儿园班级博客对于他们来说是一个了解孩子情况、了解幼儿园教育、了解班级活动的非常好的平台。

班级博客的栏目包括每周活动安排、个别活动介绍、幼儿活动照片、班级教师信箱及家长交流空间等。不同的栏目放上不同的内容，供家长浏览和阅读，也可以供幼儿欣赏和分享自己的感受和快乐。

当然，如果幼儿园有网站的话，班级博客就可以放在幼儿园的网站上面；如果幼儿园没有自己的网站，幼儿教师则可以在各大公共网站上建立一个属于自己班级的博客。下面是某幼儿教师张贴在博客上的一封信。

亲爱的爸爸妈妈：

你们好！

新学期开学了，班上来了4位新朋友，他们分别是梁老师、王老师，还有欧阳辰昊和付喜琪两位小朋友。这两天我们大家都已经彼此熟悉了，在幼儿园里过着充实而快乐的生活。

我们升上了大二班，成为全幼儿园最大的哥哥姐姐，这是多么令人骄傲的事情啊。升班了，有一些要求要重新适应，我们和老师一起商量相关的规则，希望能在活动中不断地调整自己的行为，努力争取做得更好。

开学的第一天，我们把自己亲手做的小礼物送给弟弟妹妹，还大方地向弟弟妹妹介绍自己；开学第二天，我们和大一班的小朋友一起进行了"我们升大班了"的主题活动，通过共同分享照片与感受，我们对自己有了更高的要求，还共同制订出大班级组的口号，并用响亮地声音讲出来——"爱集体、爱学习、守规则、有礼貌、我们一定能做到"!

　　以下这些事情需要我们大家共同去完成:

　　(1)值日生每天上午要7:45准时来园参加值日劳动;

　　(2)请爸爸妈妈和我们一起每天在家观察月亮并记录在《月亮的变化》的表格上,并于×月×日交到老师手上;

　　(3)下周一我们每个人要带三本图书到班级里,这些图书将被放在教室里的"阅览区"内与其他小朋友一起分享。

　　(4)"每天讲新闻"的活动也从下周开始了,请爸爸妈妈注意给我们读报纸上有趣的新闻,我们将轮流成为小记者,每天带新闻剪报到幼儿园跟大家分享,我们一定不要忘了在剪报上写上自己的姓名哦。

　　祝周末愉快!

你们的孩子

××××年×月×日

(梁洁纹)

　　这是梁老师在班级博客上写给家长的一封信,让我们有一种很亲切的感觉。首先,以幼儿的口吻写信给家长,让家长感觉到好像在和自己的孩子说话一样;其次,从幼儿的视角,把开学最初两天的情况汇报给家长,帮助家长及时了解自己的孩子在幼儿园里的情况,家长会感到很放心,也很宽心;最后,把本学期幼儿班级活动的要求以及近期需要家长协助的事项一一地列举出来,方便家长督促自己的孩子并帮助孩子完成任务。

(四)随班观摩——了解孩子的现场交流

　　幼儿班级会定期或不定期地为家长提供参与幼儿园活动的机会,家长可以根据自己的实际情况在班级里停留几个小时或一个上午。在这段时间里,他们能很好地通过视听、参与活动等,实实在在地了解自己的孩子在幼儿园里生活、游戏和学习的情况。这样的活动方式，能引起家长广泛的注意和极大的兴趣，同时也能引发他们对幼儿教师艰辛工作的情感共鸣，从而对幼儿园、班级和教师有更多、更深入的理解。

组织家长随班观摩活动，幼儿教师有如下几点注意事项：

1. 精心策划，悉心准备

幼儿教师应结合幼儿园或班级的教育教学内容，选择家长容易理解并喜欢参与的活动，制订好观摩当天的工作计划和教育教学方案，确保活动的顺利进行。

2. 主题突出，创设环境

每一次的家长观摩活动都可以依据教育教学的内容设立一定的主题，围绕着主题内容收集各种活动材料，因为有了家长的参与，所以活动当天所需的材料要比平常要多得多，幼儿教师可以事先请家长帮忙收集材料。

3. 重在过程，展示幼儿

随班观摩几乎是每一位幼儿家长都喜欢参加的活动，因此，活动过程很重要。幼儿教师应安排丰富的活动内容，多留时间给幼儿活动，让幼儿在父母的面前充分展示自己的能力和创造性。

4. 鼓励家长，亲子同乐

在活动中，教师多鼓励家长和孩子一同参与活动，但又要注意不能让家长包办代替，让孩子和家长在游戏中体验到亲子互动的乐趣。

5. 关注全面，照顾个别

有些时候，家长的随班观摩对年龄小的幼儿会有一些不良的影响。他们在活动的过程中会因找不到父母而哭泣，情绪不稳定，进而影响大家的活动。因此，班级里几位教师的配合是非常重要的，一定要分好工，及时地安慰幼儿,以保证活动的顺利进行。

6. 听取意见,主动反馈

教师组织家长来园随班观摩,其目的不仅是向家长展示教育教学成果以及幼儿成长的过程,更重要的是要听取家长对班级管理的意见和建议。幼儿教师应主动地向家长征求意见,营造一个和谐的家园共育氛围。

(五)家访活动——深入家庭实际的交流

家访既是幼儿教师对自己班级的幼儿家庭进行探访,也是幼儿园进行个别化家庭教育指导的一种最常用、最有效的方式。幼儿教师通过家访,与家长沟通情况,交流感情,增进家园间的相互信任关系,密切配合,共同商讨教育幼儿、解决幼儿个别家庭教育问题的策略。这种指导方法简单易行、灵活机动,指导的针对性强、具体到位。

家访前,幼儿教师应做如下准备:

1. 对幼儿家庭有一定的了解

幼儿教师要了解幼儿的家庭是核心家庭还是与祖辈同住的混合型家庭,幼儿家庭所处的社区,以及幼儿父母的工作情况,等等。因为不同类型的家庭会有不同的情况,因此指导方法也有所不同。

2. 事先与家长约定时间

为了能直接与幼儿的父母见面和交流,最好是在幼儿父母在家的时候进行家访,以免由幼儿的祖辈家长或保姆等转述教师意见而产生误会。

3. 做一些简单的访问提纲

为了使家访更有针对性,教师可先列出一些问题来,做到心中有数,在家访时再因具体的情况进行调整。

　　幼儿教师在与家长沟通的时候,可能会因为双方文化背景上的差异、风俗习惯上的不同、社会经验的不同、人格特征上的差异以及需要和动机的不同而对对方发出的信息产生误解和偏见,进而造成沟通障碍。但是幼儿教师只要家访工作做得恰当、到位,让家长感受到教师对幼儿的关心,对工作的责任感,他们就会尊重和理解教师的工作,进而配合与支持教师的工作;幼儿教师只要坚持与家长沟通的基础是平等的、互动的、双向的、有诚意的,而不是家长一味地听教师讲或教师一味地听家长说,就会取得良好的沟通效果。

二、各施各法——使家园联系更活跃

　　幼儿园的家园共育虽然在方式方法上是多种多样的,但在操作过程中却需要幼儿教师根据自己班级家长的实际情况灵活运用,以使班级的家园联系工作更为活跃、更能突出重点。

(一) 调查研究——对班级幼儿家庭进行问卷调查

　　幼儿园的家园共育是建立在对幼儿家庭了解的基础上的,幼儿教师只有对自己班级幼儿的家庭有了一定的了解后,才能更好地开展家园共育的工作。因此,对幼儿家庭的调查研究是家园联系工作中一个很重要、很必要的内容。

　　一般来讲,幼儿教师可以通过幼儿家长约谈、家庭访问和家长问卷等方法来进行调查。上文我们已经阐述了家长约谈和家庭访问这两种方法,但是有时候我们看到和听到的东西容易遗忘掉,因此我们需要一份能看得见、摸得着的文字记录。幼儿教师可以根据自己想要了解的问题,制作一份家庭问卷,让幼儿家长填写好再收集起来,逐一地归类分析,以便更清楚地了解全班幼儿及其家长的情况,更有针对性地开展家园共育工作。

1. 一般性问卷调查的内容

(1) 幼儿家庭的基本情况,包括父母姓名、年龄、文化水平和工作的情况,同住的家庭成员姓名、年龄、文化水平和工作的情况,家庭住址、电话号码,紧急联系人的姓名与电话,等等。

(2) 幼儿生活的基本情况,包括进餐时间及进食的量,喝水的时间及喝水量,睡眠的时间,排泄的时间,喜欢吃什么食物或不喜欢吃哪些食物,睡觉是否需要特殊的物品,等等。

(3) 家庭教养的基本情况,包括家长对自己孩子的期望是什么,对孩子的优点或缺点有多少了解,当孩子做了对的事情时家长如何表示,当孩子做得不好时会怎样教育,家庭成员的教育是否一致,不一致时会怎样做,等等。

2. 主题性问卷调查的内容

(1) 幼儿的兴趣爱好,包括对新事物是否好奇,对感兴趣的事情能注意多少时间,最喜欢玩什么玩具,喜欢哪些游戏,对什么颜色有偏好,等等。

(2) 幼儿的自理能力,包括是否能自己使用餐具进餐,能否在需要大小便时告诉成人或自己上厕所,能否自己穿脱衣物,能否自己穿脱鞋子和袜子,在睡觉时能否自己盖被子,等等。

(3) 幼儿的语言发展,包括是否愿意听成人说话,是否会按成人的指示去做事情,对成人问的问题是否愿意回答,能否说出自己的愿望,能否用自己的语言来表达感受,是否愿意和成人或同伴交谈,等等。

(4) 幼儿的交往能力,包括是否愿意和成人一起玩,能否听从成人的劝导,是否愿意和同伴一起玩耍,和同伴玩耍时能否有礼貌地说话,是否愿意把自己的玩具给同伴玩，喜欢别人的玩具时能否有礼貌地向别人借来玩，发生争执时是否只是会哭，等等。

（5）幼儿的运动能力。包括是否喜欢走路，是否愿意和成人一起做运动，喜欢做哪些运动，运动时的情绪怎样，一天里运动的时间有多少，运动后能否较容易地安静下来，等等。

（二）分类指导——对不同类型的家长用不同方法

在一个幼儿班级里，由于幼儿来自不同的家庭，各个家庭在生活态度、育儿方式、人际关系等方面都存在各种差异，这给幼儿园的家园共育工作提出了一定的挑战。

幼儿教师在开展家庭教育指导工作，与家长沟通以及进行家园共育活动时，对不同类型的家长应该用不同的方法，以适应不同家长的不同需要。

1. 交流式

幼儿教师可以组织同类型或不同类型的家庭育儿经验交流会，帮助年轻父母建立科学的教养观念、掌握教育方法，引导年长的家长改变旧的观念、学习新的育儿方法，使家庭成员都积极地参与亲职教育和亲职工作，为孩子的成长提供舒适、安全、有效的环境。

2. 传帮式

以幼儿的祖辈家长为基础，幼儿教师可以请有经验的祖辈家长传授育儿经验，教给年轻家长一些好的育儿方法，特别是有关生活照顾、烹调饮食等方面的知识与技能，帮助年轻家长尽快地掌握育儿方法。

3. 互动式

幼儿教师可以帮助有一定能力的家长组织幼儿家庭活动小组，每月以一个主题为中心,开展各种家庭式的亲子活动,加强幼儿家庭与家庭之间的互动,引导家长交流和展示自己育儿的能力以及成果。不同的家庭对幼儿的影响是不同的,幼儿走出自己的家庭,参与到同伴的家庭活动中也一定会有不同的收获。

4. 教授式

现在很多的幼儿家庭因为家长工作繁忙,会雇佣保姆代为照顾和接送孩子。但由于保姆的教育能力和水平一般不高,有时甚至会对孩子产生一些不良的影响。如果幼儿教师能对有保姆的幼儿家庭进行相关的教育指导的话,相信一定会非常受家长的欢迎,家园共育的效果也会更好。

(三)针对性强——开展各种不同主题的家园活动

幼儿园的家园共育很多时候是以班级的家园活动为载体,家园活动开展得好不好,对幼儿班级的家长工作来说也是一个重要的问题。幼儿教师应该计划好每一学期的家园活动,注重每一次家园活动的设计,特别是每一次家园活动主题的设计。

家园活动主题可以根据季节、节日、班级或国家的大事件等来确定。

1. "我是班级小主人"——新环境,我适应,我是班级小主人

新进幼儿园、升上一个新的班级,都会给幼儿带来不同的感受。幼儿教师组织这类主题的家园活动时,可以让幼儿带领自己的家长参观幼儿园、参观新班级的环境,了解自己的新生活;也能让家长在了解的基础上对幼儿园、对幼儿的教师更理解和更放心。

2. "重阳节齐敬老"——重阳节令好,人人都敬老

幼儿教师可以结合我们中华民族尊老爱幼的优良传统,组织此类家园活动，帮助幼儿了解优秀的传统文化，纠正那些"小霸王"的行为，教育幼儿关心和爱护自己家里的老人。

3. "家园运动会"——男女老少齐运动，大家健康身体好

幼儿教师可以组织幼儿园的幼儿和家长一起开展亲子运动会。通过简单、有趣的竞赛活动，既能展现家长和幼儿的运动能力，又能展现家庭亲密无间的欢乐场景，使大家放松了身心，抒发了情感，增进了感情。

4. "家园爱心日"——关心有需要的人，帮助有需要的人

幼儿在成长的道路上难免会遇到这样或那样的困难和问题，那么如何面对困难，如何对待有困难的人呢？这就需要我们成人从小帮助幼儿建立起正确的观念。组织这类家园活动，能使家长和幼儿一起在预设的环境中去学习、去模仿，拥有一颗爱心和坚强的心。

5. "生态家园日"——环境要变好，废旧物变宝

为了让我们生活的世界更美好，我们必须从自己身边的事情开始做好节能、环保、减排等工作。教师组织这样的家园活动，能帮助幼儿和家长增强环保意识，把家庭里可以循环再用的物品或带到幼儿园制作成教玩具，或卖到收购站由专门的机构回收再利用，这些都是很好的方法。

6. "儿童节游园会"——六一到，笑呵呵，爸爸妈妈一起乐

儿童节是属于儿童们的节日，是给儿童制造快乐的节日。组织这样的家园活动，更能使幼儿感受到家长、教师对他们的爱，更能增进幼儿与家长间的亲子感情。

三、信息互动——使家园联系更常态

幼儿园的家园互动需要经常性地开展,把各种途径、方法、手段综合地利用起来,使家园共育能长久不衰地开展下去。

(一)定时定点——保证有一定的时间

家园联系的经常性很容易在时间、地点上体现,这需要幼儿教师在一个相对稳定的时间和地点开展此类工作。这样才能方便家长在一定的时间内与教师探讨孩子的教育问题,也可以使家长习惯于在某一个时间、某一个场合里去谈论孩子的教育问题。

1. 班级公告栏是最直接的定时或不定时的信息互动地方

可以每周更换一次,也可以在班级或幼儿园有什么事情需要家长知道或了解的时候,把信息公布出去。

2. 班级博客是一个很好的定时定点的平台

幼儿教师可以在每周的周末把本周的班级活动情况更新一次,也可以用一个小时在线和家长谈论问题,或听家长反映幼儿在家庭里的情况,等等。由于班级博客上的留言大家都能看到,这样也方便了不能及时上网的家长。

3. 家园联系手册是可以定时定点进行交流的工具

幼儿教师每个月向家长综合地反映幼儿在园的情况,家长也把孩子在家庭里的情况全面地反馈给教师,这样从幼儿园到家庭,再从家庭到幼儿园，每月一次具体、全面的信息交流对幼儿的成长具有记录性的意义。

4. 幼儿的成长档案可以定时地反映幼儿不同方面的发展轨迹

幼儿教师每个学期的前、中、后各做一次相关性的记录和评价，家长也在相应的时间里对孩子在家庭里的情况进行记录和评价，这样幼儿在幼儿园和家庭里的生活、游戏、学习等情况就能展现给大家一个发展变化的轨迹。

如果这样的信息互动与交流能好好地保持下去，家园联系就能在时间、空间上得到保障，就能为幼儿的发展创设一个更好的环境。

（二）定人定量——班级教师共同承担

幼儿园的班级工作很多，每一件事情都是需要教师认真对待，尽心尽力地去做。那么，这么多的工作如何完成呢？班级工作人员间的分工就很重要了，大家可以协商去做，共同承担起家园联系中的各种工作。

1. 按工作量的大小来分工

幼儿教师可以把各种家园联系工作计算好一个基本的工作量，有的项目工作量少些，有的项目工作量多些，那么就可以把两个较少的工作量分配给一个人。

2. 按擅长的能力来分工

有些教师比较擅长文字写作，有些教师擅长画画，有些教师擅长沟通和交流，有些教师则擅长组织和策划。这样班级每位幼儿教师就可以依据自己的爱好和专长承担相应的工作，做到扬长避短，更好地发挥各人的优势。

3. 按时间段来分工

幼儿教师可以按照周、月、学期这样不同的时间段来进行不同的分工，使大家能在一个相对稳定的时间段里熟悉此段时间所需要做的联系工作。

（三）定题定向——主题内容更加明确

有许多信息是需要教师根据不同的主题来组织的，特别是一些科学育儿方面的知识与经验，需要幼儿教师收集、整理好，再系统化地呈现给家长。因此，这就需要同一班级里的幼儿教师每人负责组织某一个方面的材料，然后再统一到需要公布或需要发给家长看的信息平台上。

1. 选定主题内容

幼儿教师应根据班级的教学内容和幼儿园的教育实际情况选定若干主题和内容。

2. 收集汇总材料

大家分别收集相关的材料，一起汇总后选择出适合的材料进行编辑。

3. 分期分批呈现

把收集、编辑好的材料按主题逐一地呈现在班级的家园联系平台上。

4. 反馈改进意见

听取家长对班级家园联系平台的意见，收集他们所期望和需要的意见，以改进各种主题和内容。

良好的家园互动的力量是非常强大的。当幼儿家长能放心地把孩子交到幼儿教师手中，主动地配合班级工作，在家里也能努力地运用科学方法育儿时，很多班级问题也就迎刃而解了！

第十章 同事相处的行动策略

同一所幼儿园里,幼儿教师可能来自五湖四海,其家庭背景、受教育程度、兴趣爱好以及观念的差异,会促使教师形成各种各样的思维方式、工作方法、处事习惯等。如何积极地表现出自己的诚意,在心灵沟通的基础上建立良好的同事关系;如何交换意见,在平等互动的基础上发展良好的同事关系;如何默契配合,在工作实践中保持良好的同事关系,这是幼儿教师治班所需要拥有的能力。

幼儿教师同事之间只有营造一个和睦的工作环境,建立一种融洽的人际关系,形成一股共同奋斗的合力,才能在良好的氛围中把班级的工作做好,才能在健康的心理状态下开展教育教学工作,才能真正地促进幼儿的成长。

一、诚意沟通——建立在相互交心的基础上

心理沟通是人际交往的关键。它有这样三个特点:一是以语言为主,伴随着恰当的表情和动作;二是既有思想、观念的碰撞,也有情感、态度等心理因素的交流;三是通过沟通可以影响沟通双方的行为结果。

幼儿教师与同事的心理沟通,指的是沟通双方通过互相交谈、交换意见、交流情感,从而达到思想观点、情感态度、语言行为上的相互理解、

体谅、认同、支持和信任的过程。幼儿教师与同事间的心理沟通是平等、互动、双向的沟通。幼儿教师彼此间要相互尊重，肯定对方；热情中肯，以诚相见；理解对方，易位而思。

（一）彼此尊重——肯定对方的工作与能力

幼儿教师在与同事相处的过程中，应该懂得尊重。这是做人最起码的道德要求，也是一个人必不可少的素质之一。在尊重别人的同时，也能得到别人对自己的尊重。只有相互尊重，才能形成积极的心理动力，才能相对容易地从情感上接受对方，受对方的思想、语言、行为等的影响。

要做到相互尊重，幼儿教师在与同事交往的过程中，就要求大同、存小异，要肯定别人而非一定要改变别人。可以尝试以下做法：

1. 多看到同事的优点

每个人都有自己独特的地方，无论是思维方式、工作方法还是生活习惯，但只要幼儿教师能多看到别人做得好的地方，多肯定对方的优点，就能做到彼此尊重对方。

2. 对同事有感恩的心

同事之间的互相关心和爱护很重要，常常看到同事对自己的好，带着感恩的心态与同事相处，及时、主动地感谢同事，这样大家就能在一种和谐的氛围里工作，自然能顺心和舒心了。

3. 不去纠结小的事情

幼儿教师要明白，只要大家对班级、对幼儿、对家长都尽心尽力地去工作，即使有一些不如意的事情，只要不是原则上的问题，就不要太多地去指责或计较，只要相互提醒就可以了。

4. 放下自己的成见

不要因为一些小事情而与同事产生不必要的隔阂，应该多与同事交流，了解同事的想法，主动地寻找自己和同事在各种问题中的结合点，使大家的思想感情能融合在一起。

5. 相信同事的能力

在班级工作中，千万不要以为只有自己才能把工作做好，要相信同事的能力，相信只要大家都为班集体出力，就能够形成一股合力，共同地做好班级工作。

发挥配班教师的积极性

作为班主任的我，在意识到班级的几位教师形成一股凝聚力，对于整个班级工作的开展起着重要的作用后，注重了在以下两个方面调整自己：

首先，正确地对待自己，清楚自己在哪些方面不如配班老师，然后充分地发挥她们的积极性，共同把班级的工作做好。比如，配班老师对于收拾和整理幼儿的衣服、用品比较有方法，我就请她在幼儿面前示范，教给大家一些方法，让幼儿知道怎样又快又好地整理衣服和书包；当幼儿学会了收拾衣物后，我又引导幼儿感谢配班老师，使她感受到自己在班级工作中的重要性，满足了配班老师"受尊重的需要"和"自我实现的需要"，从而促进彼此的合作。

其次，主动地与配班老师沟通。比如，在设计班级主题活动的时候，我会先制订初步的主题框架，再和配班教师一起讨论具体的计划，一起修改。

在班级工作中，只有在尊重对方的同时，给予对方更多的自主工作的空间，才能发挥大家的积极性，才能在互相信任和尊重的基础上做好班级的管理工作。

（何妙玲）

何老师对同事重要性的认识是很到位的。一个班级的工作并不是一位教师就能完成的,是要靠大家共同去做的。因此,从肯定对方开始,发挥各自特长,让大家把自己最能干的方面和最有效的方法运用到班级管理工作上,这个班级的工作就能相当顺利地开展了。

(二)以诚相见——对对方的态度热情中肯

幼儿教师在与同事相处的过程中,需要彼此真情相待,即对同事敞开心扉,说真话、办实事。只有这样,才能得到同事的信任和理解。这是避免同事之间产生矛盾的根本,也是解决彼此间问题的最好途径。

在班级工作中做到对同事以诚相见,幼儿教师应注意以下几点:

1. 及时地调整自己的心态

心态很重要,往往直接影响到一个人的能力和工作的效果。因此,幼儿教师应注意调整自己的心态,在同事面前不要心高气傲、自以为是,多肯定对方所做的工作。在表达自己的意见时,应注意说话的态度与方法;在遇到问题时,能冷静对待。

2. 要充分地表达自己的诚意

遇到问题时,对同事要说真话,把自己的想法告诉同事,多从自己的身上找原因,对同事工作上的不足及时指出来,共同商讨解决问题的方法和途径。

3. 维护同事的自尊心

每一个人都有自尊,也希望别人对自己尊重。因此,同事之间相处时应注意不要伤及同事的自尊心,在尊重彼此基础上的同事相处,才能使同事感受到你的诚意。

4. 注意自己的行为

幼儿教师在工作中应注意自己的行为，积极主动地为班级工作奔波，让同事看到你的工作表现；真心实意地帮助同事解决困难，让同事感受到你的诚意。

态度决定行为

同事之间如何相处？最重要的，还是要用自己的真心去对待对方，注意相处中语言的艺术性。有段时间，我们班的副班王老师记性特别不好，经常丢三落四，不是忘记收拾用过的剪刀，就是忘记盖上弹过的钢琴，这样既影响了班务整洁，又容易让幼儿发生安全事故。

在一次王老师做完教具又没有收拾好剪刀之后，我故意笑眯眯地跟王老师开玩笑："王姐，我帮你把剪刀收进柜子里了，你奖我一个小星星贴纸吧（我们班对表现乖的孩子要奖小星星贴纸的）！"王老师听了之后笑了，马上意识到是自己用过的剪刀没收拾好。下班之后，我主动与王老师谈心，得知近期王老师的孩子生病了，王老师白天要上班，中午休息时间要赶回家煎中药，下班后买菜、做饭、照顾孩子吃药，晚上还要帮孩子补习功课，休息得不好，所以精神也差了。了解了原因后，我不但主动多承担了班里的工作，还经常询问她孩子的病情，下班时间一到就赶紧催王老师回家照顾孩子。王老师感受到了我的理解与关心，把我当成了好朋友，我们的工作配合得越来越好了。

（唐芸芬）

唐老师在与同事相处的时候艺术性很强，就是基于她对人性的深刻理解，在诚心诚意对待工作、不伤害对方自尊心的前提下巧妙地运用语言，在善意的提示和诚心的聊天下，使同事能感受到她的诚意并愿意接受她的意见，同时也在了解对方困难的基础上去帮助对方。许多时候，诚意最能打动人的心,而被诚意所打动的心也最能激励人积极地行动起来。

(三)易位而思——理解对方的情感与思维

幼儿教师在与同事相处的过程中,要学会在了解对方的基础上逐步理解对方。希望被理解,也是人的一种心理需要,多一份理解就多一份信任和融洽。教师应试着从同事的角度去思考问题,想想如果自己遇到这样的情况会怎么办,就能体谅同事,从而耐心、恰到好处地帮助同事解决实际困难,获得相互的理解。

每个人都有自己独特的知识结构和能力优势,每个人的工作方法都可能不同,那么幼儿教师如何才能站在别人的角度去看待问题和事物呢?

1. 要有宽容别人的心态

在幼儿园里,女同事较多,在相处的时候容易因一些小事情而产生矛盾,这样就会影响到同事之间的友好关系。因此,幼儿教师拥有宽容的胸怀很重要,要做到在大事上清醒一些,小事上糊涂一些。

2. 愿意去了解和理解别人

有些时候,愿意去了解和理解别人是一种心态,更是一种积极的行为。幼儿教师多去了解同事的困难和需要,在了解的基础上理解同事,才能建立起更好的同事关系,达到大家在情感上和思想上的一致性,有什么问题才能更好地得到解决。

3. 主动从自己身上寻找原因

幼儿园的工作很琐碎,有时候幼儿教师难免因为忙乱而忽略了一些事情。在遇到问题时,幼儿教师应先从自己的身上寻找原因,这样就能减少很多不必要的误会和麻烦。

4. 要多想想"如果是我，我会怎么样"

很多时候如果我们能将心比心、设身处地地站在同事的位置上，设想自己处在那种处境会是怎样的，自己会怎样做或想让别人怎样帮助自己，我们就能很好地为同事着想，帮助同事解决困难。

5. 先从自我做起

要解决工作上的问题，相互的谅解最重要。幼儿教师在班级工作过程中，如果能事事都从自我做起，要求别人做到的事，自己要先做到并做好的话，同事之间就能产生情感上的共鸣，产生积极的行动影响力，工作就更顺利了。

以和为贵，换位思考

开学前几天，大家都在进行紧张的卫生清洁和课室环境布置工作，我也忙得不可开交。忽然，中二班的何老师走进来说："梁老师，宋老师说你没有把上学期的课室环境布置清理干净，叫你现在去清理。"没等我回答，我班的保育老师就答话了："每一个班都是这样交接的，哪有这样叫人去搞的！"一时大家无语。我细想原因，上一学期的期末我出差了，班上缺少人手，没来得及把环境布置所粘贴在墙上的东西清理干净。于是，我赶紧放下手中的活，说："好，我马上来！"

来到中二班，我很有礼貌地对宋老师说："真不好意思，我现在就来收拾残局。"在我认真地清理完一堵墙面后，正打算清理第二堵墙时，宋老师说："行了，剩下的我们来搞吧，你们班新来的小梁老师回学校办手续，你们班也缺人啊。"我说："没关系的，很快就能搞好！"于是，我和中二班的老师们一起同心协力，很快就把剩余的工作完成了。

开学前的确是一段忙乱的日子，大家都有许多事情要赶着做，如果能站在别人的位置上，设身处地从他人的角度想一想，就比较容易理解他人的感受，同时也化解了不必要的矛盾。

和谐的同事关系能让自己和同事的工作和生活都变得更简单，更有效率，因此遇事时我们应该以和为贵，换位思考。

（梁洁纹）

梁老师的"换位思考"和主动改过的行为，的确给大家带来了"以和为贵"的工作环境。许多时候一些本来很小的事情，如果大家都只从自己的角度去考虑，而不从大局上去思考的话，就很容易在彼此的心中积聚起不满的情绪，慢慢就酿成大的问题。而如果大家能像梁老师那样先从自己身上找原因，马上采取行动纠正由于客观原因所造成的问题，自己开心，同事舒心，大家互相谅解，问题自然就能很好地解决了。

二、合作互补——建立在平等协作的基础上

平等协商、精诚协作，向来是一种最佳的工作状态，其核心是：平等、互信、协作、互补。在幼儿教师这个群体里，同事之间存在着需要密切配合的互补关系，即能以自己的长处弥补他人的短处，使每一位教师的长处得到充分发挥，避免其短处对工作的影响，以便产生巨大的工作能量。这种关系也是一种平等的协作关系。

要做到能力互补并达到最佳的工作状态，幼儿教师应对班级事务进行讨论协商，发现问题时不急不躁，对班级事务共同承担。

（一）讨论协商——通过讨论对班级工作达成一致意见

俗话说，"三个臭皮匠赛过一个诸葛亮"。幼儿园的班级管理工作，虽然事务繁杂，但大家通过讨论协商，就能在集体的智慧下对班级的管

理工作达成一致的意见，大家朝着同一个方向去努力。

幼儿教师可以从以下几点做起：

1. 清楚各自的能力差异

人贵有自知之明，幼儿教师在开展班级管理工作时，应清楚自身的能力、水平以及相互之间的优势和短处，只有这样才能更好地发挥各人的长处，才能合作起来，使大家能积极地工作。

2. 分析班级工作的目标

班级的管理目标是班级工作的方向，引领幼儿教师为之而共同努力。由于幼儿教师自身的能力和水平不同，各人对目标的理解也会不同，进而产生不同的行动。为了缩小差异、化异为同，幼儿教师应该对班级目标进行细致分析，看看哪些是可以一起去做的，哪些由谁去领头做会更好，使班级的管理目标能落实到位。

3. 把工作都摆出来讨论

目标分析了，工作自然就摆在大家的面前。围绕一个目标的工作可能会很多，哪些应该先做，哪些可以后做，哪些可以连在一起做……这样对具体工作的讨论是很有意义的，可以使幼儿教师对班级的管理工作有明确的认识和把握。

4. 进行最佳方法的选择

把具体的工作一件一件地列举出来后，幼儿教师就可以很有针对性地选择各种实施的方法、途径。有些工作是可以用相同的方法去开展的，有些工作是需要变换工作方式的。只要我们对各项工作都分析好了，就能找到最佳的方法来完成任务。

5. 执行后的反思再协商

许多时候，最初制订的工作方案会在执行的过程中出现问题。幼儿教师应该在工作中及时地反思，发现问题后大家及时地沟通，再次进行讨论协商，使工作方法和途径更适合管理目标和工作的需要。

协商很重要

和他人相处时，只有尊重别人，别人才会尊重你。虽说是当主班老师，在班级管理、教学及家长工作方面要有整体的规划，但在制订计划的时候不妨多和副班老师和保育员老师多沟通，多听听他们的建议，他们或许会给班级的工作补充许多宝贵的经验，在实施的时候更是要多和大家协商。

在一次开家长会前，我制订好会议的主要内容和程序后马上和配班老师一起讨论细节，配班老师给我提了许多建议，如家长的主题怎样才更集中地反映班级的近期工作情况，班级的环境如何布置更适合家长会的主题，等等。然后，我又把保育员请来一起商讨，征询她有什么补充建议，她在保育工作方面也提出了一些在日常生活中需要家长配合的内容……这次的家长会开得很成功。

（马倩媚）

上述案例中，马老师与班级同事共同协商，发挥了大家的智慧。在班级管理中，班主任固然要负责规划班级的各项工作，但许多时候一个人思考问题是不全面的。同事之间从多个角度去讨论问题的话，能增加更多的信息，这些信息的综合运用能使班级的工作任务完成得更好。

（二）遇事不躁——发现问题及时分析、及时统一意见

幼儿园的班级工作很烦琐，幼儿教师很容易因为顾此失彼而遇到一些问题和困难，而此时幼儿教师各自的能力互补就更为重要了，要做到遇事不躁，及时发现问题和解决问题。

1. 及时地把问题摆在桌面上

无论哪一位教师，当发现班级里存在问题时，千万不要视而不见，而是应该把问题马上摆到桌面上来，让问题公开化和透明化，这样才是一种正确处理问题的态度和行动。不然，当小的问题日积月累成为大问题后，再要解决它的时候，就很不容易了。

2. 讨论分析问题存在的原因

把问题摆出来以后，幼儿教师应一起对问题进行讨论分析，把其存在的原因一条一条地列出来，再看看哪些是由教师自己的工作不周而产生的，哪些是由于误会而产生的，哪些对班级的工作影响最大，哪些影响相对较少，这样就能清楚了解问题的关键所在。

3. 寻找解决问题的方式方法

把问题的关键点找到以后，幼儿教师就可以把问题的解决方法也一一列举出来，并从中选出一条最适宜的解决问题的方法。有时候，要学会大事化小、小事化了，把复杂的事情尽量地简单处理，千万不要把简单的事情复杂化。

4. 解决问题的时候不要急躁

幼儿教师在解决问题的时候，遇事不要急躁，不要急于下结论。即

便有了解决问题的答案也要再思考一下,也许还会有更好的解决方式也说不定。

5. 不推托问题的责任

问题的出现不是最重要的,最重要的是解决问题。幼儿教师往往容易在出现了问题时推托责任,进而导致问题的解决时间推迟,使问题越拖越大,不好解决。

该承担的责任不推托

有一次,一位家长一来到班里,就把手里拿着的一本图书给我看,说是前一天他的儿子带回家时说书被班上的某某孩子撕坏了,认为老师没有及时发现和制止。我马上用礼貌的态度与这位家长沟通,主动承担了没有及时发现问题和制止不好行为的责任,并告诉家长当天会专门组织一次教育活动。事后,我再次与家长沟通并把组织幼儿修补好的图书还给了她的孩子,这位家长也马上表示理解和原谅我们的工作,在自己孩子面前表扬了班级的老师和修补图书的小朋友。看来教师的态度和行动对于化解矛盾真的很有用。面对问题,班主任要身体力行地解决,而非将责任一推了之,该出手时就出手。但有时候,我们也要懂得"该放手时就放手"。

又有一次,一位新入托的家长拿着一张纸条来,说自己孩子有点不舒服要开病号餐。面对这种情况,我请班里的另外一位老师去礼貌地接过纸条并送到卫生室给保健医生安排,让家长知道开病号餐的程序,家长对班级的老师非常感谢。可见,要多鼓励每位教师与家长沟通和交流,与家长建立起朋友的关系、合作的关系,当家长有困难时主动帮助,当家长有问题时主动解释。我相信良好的沟通能化解一切问题和困难。

(邓晓新)

邓老师的"该出手时就出手"和"该放手时就放手"很好地体现了她的责任感、主动性和合作意识。一件看似很小的事情，如果幼儿教师处理恰当，问题就能迎刃而解，如果处理不当则需要教师花更多的时间和精力去修补由于一个问题而带来的其他各种各样的问题。

（三）共同承担——班级事务合理精细地分工却不分家

在幼儿园，班级是极其重要的组成部分，班级的工作质量直接影响到园所的办园水平与服务质量。而由于幼儿的年龄和能力决定了班级工作的事务性，如果没有精细、合理的分工，班级管理是很难在规范的基础上进行深化的，对幼儿的成长也会产生不良的影响。

对班级事务进行精细分工，把班级的活动事项分配好，可以减少每一位教师的工作量。要注重突出"合理"和"精细"这两个词并真正落实到行动上，注重幼儿班级里的每一个生活、游戏和学习的环节，抓好班级的细节工作。晨间接待、早操、进餐、餐后活动、午睡、起床、离园、盥洗、自由活动、游戏以及集体教学活动等各个环节，都需要制定出详尽的班级工作细则，以增强幼儿教师的责任意识，规范其教育、教学行为，实现班级事务管理的合理性和精细化。每一位幼儿教师都要树立起从细节入手、每一件小事情都要做好的班级管理工作理念。

1. 制定班级的事务工作规则

将每天的班级事务工作流程用文字一一写出来，将所要做的事务以及内容做出明确而又具体的规定，然后班级教师按工作流程组织班级的各项活动。

2. 把各种规则张贴在适当位置

将一系列班级事务工作的职责和规定张贴在班级相对应的醒目位置

上，以确保精细分工的实施，加强班级管理的力度和针对性。

3. 做好事务工作的检查与记录

制订一些实施与检查的表格，使用表格能起到非常有效的指导日常工作和进行及时检查的作用，便于幼儿教师在班级管理过程中准时并及时地按规范操作，使一日活动的各个环节不断地得到细化。

4. 教师、家长与幼儿共同遵守

利用班级的联系平台和宣传栏，把班级的事务工作告诉家长，以取得他们的支持和配合，使幼儿逐步养成良好行为习惯，也使教师在精细化的教育教学管理工作中逐步提升自己的专业素养。

分工不分家

在幼儿园里，大家有着不同的工作岗位和不同的工作职责。比如，我是班主任，我就要挑起对班级工作全面负责的重担，制订班级计划、组织班级教育教学、做好家长沟通工作等；保育老师要对班级幼儿的生活照顾、班级的卫生工作等负起责任；而配班老师，除了配合班主任的工作外，也要配合保育老师的工作，负责幼儿的日常生活、保健卫生等方面的检查督促工作。

但是在实际的工作中，我们却是分工不分家，班级里的许多事情都需要我们一起去完成。特别是在遇到特殊情况时，我们要能相互体谅、相互帮助。有一段时期，我的配班老师怀孕了，行动不大方便。考虑到她的身体情况，在班级工作方面我特意安排她制作教学具、布置环境。有时候保育老师请假，我也会先安顿好幼儿，请她在一旁照看，然后自己去完成班级里劳动量较大的清洁卫生工作。同事之间关系的融洽，使我们的班级工作开展得格外顺利。

（区泳仪）

区老师的"分工不分家",体现了一位幼儿教师的高尚品格。看得出她们的班级工作分工比较合理和细致,各有各的岗位,各有各的职责,不同的岗位和不同的职责都围绕着班级的管理工作。虽然大家心里都非常地清楚自己的工作职责,但在具体的实施过程中,不会因为工作职责不同而"分家",而是你中有我、我中有你,共同承担起班级的所有事务。

三、会意默契——建立在充分了解的基础上

默契,常常被人们认为是一种心灵的感应,是在彼此有了一定的共识后,在清楚地了解对方的基础上,从对方的某些信息中感受到对方的所思、所想,知道对方的需要而产生默契感,这种默契感能给人们的工作和生活带来极大的快乐。

默契,也常常被认为是产生于人们内心深处的一种约定,不必用太多的言语去表达就能了解彼此的心迹,不需要用太多的心思去传递就能够相互会意。

幼儿园班级工作中的默契,需要幼儿教师的主动行动,需要我们多为同事想一想,多为班级工作做一些,需要在共同的工作中去适应、去磨合。

幼儿教师在班级管理工作的过程中,如果能做到这样的默契,就能很好地合作与配合,班级事务就能有条不紊地开展起来。要做到大家工作的默契和会意,幼儿教师就要让班级工作计划的制订先行,准备工作做在前,在实施中相互配合。

(一)计划在先——做好各种具体的计划或方案

幼儿教师要在班级管理中达到相知而产生默契,就应该注重班级的工

作安排和计划。除了学年或学期计划外，更主要的是指日常具体的教育教学工作计划。因为，学年或学期计划中的班级管理工作目标，必须通过日常的教育教学工作去完成。因此，幼儿教师应该注重做好各种具体的教育教学工作计划或方案，使教育教学工作能很有针对性地开展下去。

在制订计划时，幼儿教师应注意以下三个方面：

1. 计划分解好各种工作

幼儿园的教育教学工作需要班级里的几位教师共同去完成。所以，在做计划时要把各个环节的工作分解出来，使大家都有承担的任务。

2. 分别写工作计划

具体的教育教学计划，往往需要有活动目标、活动准备、活动过程以及活动延伸等各个环节。幼儿教师必须认真地把教育教学计划写出来，才能使大家对每一个活动都有清晰的了解，在实施的过程中才能默契地配合，对幼儿进行教育。

3. 讨论教育教学计划

幼儿教师写好计划后，大家坐下来讨论各自的计划，特别是要讨论计划中哪些工作是需要合起来一起去做的，哪些是可以分开做的，大家要明确工作的数量和要求，这样才能更好地帮助大家互相了解，方便在实际执行时达到默契配合。

托班阅读活动：小猫和皮球

一、活动目标

1. 愿意参与图书阅读活动，对书中的画面感兴趣，喜欢看图书。
2. 分辨颜色，学习复述图书中的简单语句。

3. 学习一页一页地从头到尾翻看图书。

二、活动准备

1. 图书《小猫和皮球》11本,其中教师用书覆盖住黄皮球和蓝皮球;图书架一个;能覆盖图书架的布一块。
2. 红、黄、蓝皮球多于11个。
3. 音响设备,音乐磁带《郊游》。

三、活动过程

(一)随音乐进入活动场地

引导幼儿向听课的老师问好,初步感受和理解"许多"的概念。

(二)在草地(地垫)上进行皮球的游戏

指导重点:引导幼儿分辨皮球的颜色并学习用口语说出来。

师:这是什么?是什么颜色的皮球?(红色的皮球——红皮球)

师:你有什么颜色的皮球?

(三)集体阅读图书

指导重点:引导幼儿观察图书画面,联系刚才的皮球游戏。

1. 小猫有什么颜色的皮球?
2. 尝试引导幼儿从小猫戴的花的颜色猜测皮球的颜色。
3. 哪个皮球大?哪个皮球小?

(四)自由阅读图书

指导重点:幼儿人手一本图书,学习一页一页地翻看图书。

1. 你看到了什么?
2. 小猫有什么?
3. 小猫有什么颜色的皮球?

(五)人手一本图书集体阅读

指导重点:指导幼儿在教师语言的提示下翻看相应的画面。

（六）随音乐离开活动场地

（梁洁纹）

我们从梁老师的这个关于图书阅读的教育教学计划中可以看到，教师以"郊游"为主题，引导幼儿把皮球的游戏与关于皮球的图书阅读整合在一起。这里面有好几个环节需要班级教师间互相配合：在活动开始之前，教师要先把塑料地垫铺好；在幼儿随音乐进入活动场所时，需要有额外的教师进行音乐的伴奏；在幼儿玩皮球时，需要班级教师一起照顾孩子；在幼儿人手一本图书时，需要班级教师帮助分发图书……只要我们把具体计划写好了，让大家清楚活动的流程和彼此的任务，在实施时就有可能达到默契。

（二）准备在前——为不同的工作或活动做准备

不论做什么事，都要事先有一定的准备，这样工作才能有保障，才能有成功的机会，不然就很可能以失败告终。班级工作的默契配合也是一样，做好了各种准备工作，实施的时候才会顺利很多，同事间的配合度才高。

幼儿教师的准备工作很多，包括教育教学中需要什么，我们如何去寻找教育教学所需要的东西，找到了所需要的东西后又要如何去运用……这些都是幼儿教师必须去思考和面对的，在这其中更需要大家的默契配合。

1. 清楚需要准备什么

一般在幼儿园的教育教学中，幼儿教师是提前一周把计划写好，在具体活动开展前，班级里的几位幼儿教师应该再次翻阅计划，让大家都明确活动的目标和所需要的材料，分好工并分头去做好准备工作。

2. 提前寻找所需材料

在实际的准备工作中，有些材料并不是马上就能找到的，需要时间去寻找。幼儿教师应该提前一些去寻找材料，当所需的材料无法找到时，就要一起讨论一下，考虑用哪些东西来代替，这样才能保证教育教学活动的进行，不然临时抱佛脚是很难开展工作的。

教师最好是能够找一个放置教学材料的地方，按照每天的具体活动，把活动所需要的东西一一摆放好，让大家都知道每一个活动材料有哪些，方便开展教育教学活动时的相互配合。

3. 教师自身的知识、应变能力和心理素质的准备

除了物质材料的准备以外，幼儿教师在自身的知识和心理方面也要有一定的准备。现代科技的发展使幼儿在生活中、环境中都得到了快速的发展，他们对新事物的好奇心和探究欲很强。要想能够在幼儿需要时更好地引导和指导他们，幼儿教师就要不断地学习，更新自己的知识结构，提高自己的能力水平。

此外，幼儿教师还必须具备良好的应变能力和心理素质。当幼儿所提出的问题自己暂时回答不了时，当幼儿知道的东西比自己多的时候，当幼儿的想象超出自己预设时……幼儿教师应该怎么做呢？这需要幼儿教师有灵活、机智的应变能力和良好的心理素质。

老师，你准备好了吗

在我自己设计的主题系列活动中，有一个关于"我的眼睛"的科学活动，内容是帮助幼儿通过认识自己的眼睛，了解眼睛的作用以及保护眼睛的常识。

在写活动计划时，我把准备工作定在：让幼儿家长帮助收集一些关于眼睛的书籍和图片；让幼儿用照相机把自己和大家的眼睛拍成照片；我们

教师则准备好一些保护眼睛的小故事以及小常识的挂图。

活动开始后，幼儿很开心地分享着自己拍的各种眼睛的照片，讨论着照片上的眼睛、讨论着眼睛的作用……当我想讲一个关于保护眼睛的故事时，大家还在七嘴八舌讨论自己的眼睛，"为什么有的眼睛大，有的小？""我的眼睛是黑色的，你的眼睛为什么是棕色的？""你的眼睛里为什么有一个人？""睡觉时，眼睛为什么要闭上？""眼睛红了怎么办？""小白兔的红眼睛也是因为生病了吗？"就这样，从人类的眼睛到动物的眼睛，一个又一个的问题扑面而来。我们班级里的另外两位教师，为了帮助我解答幼儿一个又一个的"为什么"，一直不停地在幼儿带来的书籍中寻找着答案。整个活动中，大家的积极性很高，气氛很活跃。

此时，我深深地感受到要开展一个活动，教师不仅要做好物质上的准备，为幼儿提供各种活动材料，还要做好知识上的准备，以便回答幼儿更多的"为什么"，更要做好心理上的准备，因为幼儿对知识的追求会让你自己陷入"为什么"的尴尬中。

（马倩媚）

马老师对自己活动的反思，让我们看到了教育教学活动准备工作的重要意义，知道了幼儿教师在为教育教学做准备时应该注意哪些方面。物质材料固然需要，因为幼儿是在操作材料的过程中学习的；教师自身的知识准备也是必需的，因为要给幼儿一杯水，教师自己先要有一桶水；而教师心理上的准备更是现代教育中尊重幼儿、理解幼儿的体现。活动中几位教师的默契与配合，也充分说明了她们对此教育活动的了解和理解。

（三）行动在实——各种活动中的积极配合

行动中的实，体现在幼儿教师对教育教学工作计划的执行能力上。班级教育教学的工作有了计划，有了准备，要取得成功的话，幼儿教师的行动能力如何就是一个至关重要的因素。幼儿教师的行动在实,就是要在实施的过程中,实实在在地去开展教育教学工作。教师对活动的组织能力与调整能力,教师的自我发展能力与教师之间的公平竞争能力等都是教师执行力的体现。

1. 积极配合

在实施教育教学活动时,一般是由一位教师负责组织,其他教师在一旁进行协助。具体组织的教师也许需要同事帮助传递各种教具,执教的教师也需要给予配合的教师及时的反馈,发现问题后大家再一起去解决。

2. 互相学习

幼儿教师都有自己的长处和优势,具体开展活动时,也是同事之间相互学习的机会。幼儿教师应该学会观察别人是如何组织教学活动的,要学会发现别人的优点并对比自己的缺点,这样才能更快地提高自己的教育教学水平,而且也能在充分了解同事的基础上更默契地配合工作。

积极配合,共同成长

由于新教师的不断加入,我肩负着"师徒结对"的任务。上学期,李老师加入了我们班级的大家庭,我向李老师交代了班级的基本情况,特别是个别孩子的具体状况。新教师在保育和教学工作上有很多还需认识与学习的,这就更需要给予她充足的时间去适应。于是我安排每天下午由李老师带班,以增强其一线的教育教学能力,积累实践经验。

活动前,我帮助李老师写好并熟悉教案,和她讨论活动开展时可能发生的情况,做好教具的准备工作;活动中,我作为李老师的配班教师,根据她的教学需要积极地配合她的工作;活动后,我再次与她沟通,让她谈谈感受,帮助她小结活动的情况,尽量帮助李老师规范在幼儿生活与教学环节方面的教育行为。在这个过程中,虽然我只是配合李老师的工作,但也是我学习和成长的过程。因为在这样的配合行动中，我观察教育教学的能力、分析活动的能力以及用语言来总结经验的能力也随之增强了，这种收获是很有意义的，将会给我自己的工作带来更好的启发和带动。

（区泳仪）

区老师带新教师的心得与体会很有意思，因为她在引导新老师的过程中，把自己的角色定位得很准确，一步一步地引导着新老师熟悉班级的情况，做好教育教学的准备工作，开展具体的活动，进行活动的反思……在这种"师徒结对"的过程中，区老师有付出但也有收获，也许这样的收获更大、更有意义。

3. 公平竞争

幼儿园的教育改革一直在不断地深入，对教师的发展也提出了较高的要求，幼儿教师在教育教学的过程中也存在着这样或那样的竞争。面对幼儿园的竞争，有的教师选择逃避，有的教师硬着头皮上，有的教师暗地里较劲……但这都不是正确的做法。幼儿教师应该有一个开放的心态，在一个公平竞争的平台上，大家相互尊重、相互学习、相互帮助，取长补短，共同进步，这样才能达到真正的默契合作。

正当竞争，和谐共进

同事之间在工作上的竞争是客观存在的，对这种竞争每个人都有不同的认识和应对方法，我认为正当竞争才能和谐共进。

上学期，幼儿园接到区里下达的任务，要求每所幼儿园推荐一位老师参加数学学具制作比赛。幼儿园要求每位老师都制作一个数学的学具参加园内评比再确定人选，最后选出谭老师代表幼儿园参加比赛。当谭老师设计的学具被推荐到区里时，收到了很多改进的意见，要求重新制作学具、撰写活动设计、说课和用PPT介绍学具。正当谭老师为此烦恼时，老师们主动要求协助。潘老师、梁老师心灵手巧，协助进行学具的修改和再制作；谢老师在数学教学上有丰富的经验，负责协助修改活动设计；伍老师思路清晰，负责协助撰写说课稿；叶老师是电教专科毕业，义不容辞地承担了PPT的制作任务。经过多轮比赛，谭老师获得了全市的一等奖。在此过程中，除了谭老师有所收获之外，其他老师在协助谭老师的过程中对数学教学也有了更进一步的认识。这种团体应战的模式，使大家在正当竞争中和谐共进。

（梁洁纹）

同在一所幼儿园、同在一个班级工作的人，是很有缘分的人。大家在相与共事中，情感态度上的相互影响与沟通，工作上的相互配合与默契，生活上的相互理解与帮助，都能给幼儿教师带来一种巨大的力量。这种力量能使班级管理的繁复过程变得愉快、和谐，也使幼儿教师班级管理的繁重任务变得简单、轻松。

后　记

　　我是一个天生就喜欢孩子的人。还在母亲肚子里的时候，便每天都随着从事幼儿园教育工作的母亲接触那些天真烂漫的孩子和复杂烦琐的幼儿园工作。或许从那时开始，我便与幼儿园结下了不解之缘。

　　每当我拾起自己儿时的记忆，从来只有那一张张孩童们的笑颜，也总是会有一阵一阵的童声稚语。毫无疑问，我的童年几乎都是在幼儿园里度过的。但不同的是，我没有和其他小朋友那样随着年龄的增长而离开幼儿园。尽管上了小学、中学，放学后我还是常常回到母亲所在的幼儿园里帮忙做教具、排练节目、为孩子们讲故事……那时只觉得这样很好玩，玩得很开心、玩得很满足。

　　后来到了大下乡年代，我不得不离开家人和那个带给我很多欢乐的幼儿园，失落感油然而生。于是，当我听闻有机会从插队落户的农村考回城里的学校读书时，19岁的我毅然地选择了幼儿教师这个职业。能回家当然是一个原因，但更多的却是对那充满了欢声笑语的幼儿园的向往……在顺利完成师范学校学业后，我便开始了自己的幼儿教育生涯，至今已经三十又三年了。

　　在这段日子里，13年的幼儿园班主任、4年的幼儿园行政、16年的幼儿教育研究工作，使我积累了许多的经验，得到了许多的感悟。当我接到万千教育高君编辑邀请我写一本关于"幼儿园班级管理工作的书"时，我欣然地接受了此任务。上一本专著《0岁，阅读的起跑线——学前儿童图书阅读与指导》，我用了将近两年的时间才写好，那是一个新的研究方向，需要时间去研究。但这次我居然只用了半年的时间，因为这里所写的东西，其实早已存在我的脑海里了，是我十几年教师生涯的点点滴滴啊，只是缺少一个机会而已。我在想，时间过得飞快，一晃自己就工作了几十年了，年过半百的人是该很好地回顾一下这几十年来的工作了。现在，万千教育给了我这样一个机会，让我能好好地总结经验和反思教育。

幸福其实就是一种感觉。如果在繁忙的工作中无暇追逐幸福的时光，未能细细地品味幸福，那么回忆能够帮你寻回那些属于自己的幸福。在写这本书的过程中，我一直在回忆……回忆自己是怎样走上幼儿教育这条路的。引路人很重要，对着母亲的照片，我会心地笑了，幸福感油然而生；回忆自己刚刚进入幼儿园时所遇到过的囧事，那时作为大孩子的我对着小孩子常有许多的无可奈何，但幸福感却藏在心里；回忆起自己被评为"全国优秀教师"后的压力，当压力转变为动力时，幸福就回到了自己的身边；回忆自己在幼儿园里和孩子们在一起时的点点滴滴……我教过的孩子，正在各行各业中发挥着自己的才干。他们中的许多人现在已经为人父母了，当他们带着自己的孩子来探望我这个老师时，那种幸福感常常溢满心田。

因为幸福，所以要感恩。在这次写作的过程中，我很幸福地得到了大家的支持与鼓励。谢谢我的领导和同事们，是他们的鼓励，我才下决心去总结自己的经验；谢谢我的幼教同行们，是大家的支持，我才能顺利地完成任务；谢谢我的家人，是他们的理解，我才能在减少家庭负担的情况下去专心地写作……特别是要感谢广州市幼儿师范学校附属幼儿园的梁洁纹老师、广州市东方红幼儿园的丘韶霞老师、广州市海珠区晓港中马路幼儿园的马倩媚老师、广州市荔湾区广雅幼儿园的何妙玲与区泳仪老师、广州市花都区幼林培英幼儿园的唐芸芬老师、广州市越秀区思媛幼儿园的邓晓新老师，她们的治班理念和治班案例给我的著作注入了鲜活的元素；同时也感谢这几所幼儿园的园长，有了她们的支持和帮助，这几位老师才能更好地总结自己的经验。当然，更要感谢曾经与我共事过的幼儿园的同事们，感谢和我一起生活、游戏、学习过的小朋友以及他们的家长……是你们给了我这么丰富的经历和经验，这里所写的东西也是我们共同的东西。

如果幼儿教师在自己的工作岗位上感悟到什么,希望大家能及时地写下来;如果幼儿教师想在工作中得到乐趣的话,希望大家能努力地去寻找;如果幼儿教师的经验越积越多的话,希望大家能真正地感受到幸福……

李麦浪

2012 年 2 月

参考文献

[1] 蔡伟忠. 跳出传统思维的幼儿园教师实用手册 [M]. 北京：农村读物出版社，2010.

[2] 戴文青. 学习环境的规划与运用 [M]. 南京：南京师范大学出版社，2005.

[3] 德鲁克. 管理的实践：珍藏版 [M]. 齐若兰，译. 北京：机械工业出版社，2009.

[4] 德鲁克. 卓有成效的管理者：珍藏版 [M]. 许是祥，译. 北京：机械工业出版社，2010.

[5] 费尔兹，等. 儿童纪律教育：建构性指导与训练 [M]. 原晋霞，等，译. 北京：中国轻工业出版社，2007.

[6] 弗雷德里克森. 积极情绪的力量 [M]. 王珺，译. 北京：中国人民大学出版社，2010.

[7] 格朗伦，等. 聚焦式幼儿成长档案：幼儿完全评估手册 [M]. 季云飞，高晓妹，译. 南京：南京师范大学出版社，2007.

[8] 郭小艳，王振宏. 积极情绪的概念、功能与意义 [J]. 心理学进展，2007(05).

[9] 华纳，等. 幼儿园班级管理技巧 150[M]. 曹宇，译. 北京：中国轻工业出版社，2011.

[10] 加德纳. 多元智能 [M]. 沈致隆，译. 北京：新华出版社，1999.

[11] 林崇德，等，主编. 心理学大辞典 [M]. 上海：上海教育出版社，2003.

[12] 卢家楣．情感教学心理学 [M]．上海：上海教育出版社，2000．

[13] 上海市中小学（幼儿园）课程教材改革委员会办公室，编．幼儿园教师成长手册 [M]．上海：华东师范大学出版社，2009．

[14] 苏世同．心理环境论 [J]．吉首大学学报：社会科学版，1999（04）．

[15] 王成全，等．天天好心情 [M]．北京：人民邮电出版社，2009．

[16] 叶岚，主编．幼儿园新教师导读 [M]．北京：高等教育出版社，2011．

[17] 张旭东，等，主编．心理学概论：2 版 [M]．北京：科学出版社，2009．

[18] 中国社会科学院语言研究所词典编辑室，编．现代汉语词典 [M]．北京：商务印书馆，1997．

[19] 中华人民共和国教育部．幼儿园教育指导纲要（试行）[M]．北京：北京师范大学出版社，2001．

[20] 周宗奎，编著．现代儿童发展心理学 [M]．合肥：安徽人民出版社，1999．

[21] 朱小蔓．情感教育论纲 [M]．北京：人民出版社，2008．

[22] 朱智贤，主编．心理学大词典 [M]．北京：北京师范大学出版社，2008．

万千教育 学前教育类书目

书号	书名	著、译者	定价(元)
幼儿园家长工作指导			
2345	幼儿成长揭秘——常见问题分析与家园共育策略	王普华 等 著	48.00
1934	幼儿教师与家长沟通之道（第二版）	晏红 著	46.00
364	幼儿园家长工作技能与艺术	莫源秋 编著	45.00
806	破解家园沟通的44个难题	胡剑红 主编	35.00
9610	幼儿教师的家长工作技巧	张春炬 主编	34.00
9592	幼儿园家长开放日活动设计与实践指导	卢筱红 主编	25.00
9322	幼儿园家庭教育指导形式与方法	晏红 著	34.00
幼儿园家长工作指导合计			267.00
幼儿园教师教育技能与活动指导			
2096	让幼儿都爱听你说（第二版）	马希武 等 译	36.00
1707	有力的师幼互动	王连江 译	36.00
9903	幼儿教师与幼儿有效互动策略	莫源秋 等 编著	35.00
1197	幼儿教育中的心理效应	莫源秋 等 编著	32.00

9950	让幼儿都爱听你说 ——幼儿教师说话的艺术	马希武 等 译	20.00
8953	幼儿教师实用教育教学技能	莫源秋 等 著	30.00
784	幼儿教师必须掌握的教育技巧	莫源秋 著	35.00
193	跟蒙台梭利学做快乐的幼儿教师	刘 文 主编	58.00
7511	做幼儿喜爱的魅力教师	莫源秋 著	25.00
7303	老师,你在听吗? ——幼儿教育活动中的师幼对话	汪寒鹭 等 译	28.00
幼儿园教师教育技能与活动指导合计			335.00
幼儿心理与发展指导			
2205	幼儿行为管理的方法与策略	莫源秋 著	46.00
1779	幼儿情绪管理的方法与策略	莫源秋 著	48.00
9496	透视幼儿心理世界 ——给幼儿教师和家长的心理学建议	冯夏婷 主编	36.00
0783	透视0—3岁婴幼儿心理世界 ——给教师和家长的心理学建议	冯夏婷 主编	38.00
0183	幼儿常见心理行为问题:诊断与教育	莫源秋 著	38.00
6608	幼儿心理健康教育	刘 文 编著	25.00
幼儿心理与发展指导合计			231.00
幼儿行为观察与应对指导			
2308	0—8岁儿童纪律教育 ——给教师和家长的心理学建议(第七版)	蔡菡 译	72.00
9138	幼儿行为的观察与记录(第五版)	马 燕 等 译	32.00
2045	幼儿问题行为的识别与应对 ——给家长的心理学建议(第二版)	冯夏婷 主编	58.00

7797	幼儿问题行为的识别与应对（教师篇）（第6版）	王玲艳 等 译	38.00
1262	幼儿活动档案记录与解读（第二版）	马 燕 等 译	46.00
幼儿行为观察与应对指导合计			**246.00**
幼儿园教师教学技能与活动指导			
2253	理解儿童心理从绘画开始（全彩）	陈 侃 著	38.00
0760	幼儿园备课·说课·听课·评课	俞春晓 等 著	42.00
8598	幼儿园集体教学活动设计方法与实例	俞春晓 著	28.00
9499	幼儿教师必须修炼的10项教学技能	俞春晓 著	25.00
9454	幼儿园教学诊断技巧与对策58例	王春燕 等 著	38.00
1799	幼儿园电影主题活动创意设计（全彩）	王微丽 等 主编	72.00
9612	幼儿园综合主题活动 ——设计技巧与优秀案例	赵旭莹 等 主编	42.00
1235	幼儿园绘本美术活动创意设计（全彩）	郭莉萍 赵福云 主编	68.00
9323	幼儿园美术活动创意设计（全彩）	罗 梅 赵福云 主编	56.00
0180	给幼儿教师和家长的81条美术教育建议（全彩）	李力加 著	62.00
9150	幼儿园节日活动精彩设计方案	刘洪霞 主编	35.00
9590	幼儿园语言活动创新设计	郭咏梅 著	32.00
0157	幼儿园优秀语言活动设计70例	郭咏梅 主编	26.00
0453	幼儿园优秀体育活动设计99例	朱 清 侯金萍 主编	45.00
9892	幼儿园优秀美术活动设计99例（全彩）	陈学群 余 晖 主编	58.00

9591	幼儿园优秀健康活动设计80例	范惠静 主编	38.00
9439	幼儿园优秀社会活动设计65例	伍香平 主编	25.00
9385	幼儿园优秀科学活动设计88例	董旭花 主编	35.00
9951	幼儿园科学探究故事20例	王明珠 主编	40.00
幼儿园教师教学技能与活动指导合计			805.00
幼儿园教师专业成长指导			
2113	做会沟通的幼儿教师	胡剑红 等 主编	38.00
2236	幼儿园文案撰写规范与技巧	刘敏 等 著	52.00
2311	幼儿园探究性环境创设（四色）	康丹 等 译	48.00
2056	小脑袋，大问题（四色）	孟晨 译	48.00
2309	破解幼儿园教师的90个工作难题	杜长娥 徐钧 主编	52.00
2112	幼儿园优质教研活动设计方案	朱清 等 著	38.00
1781	给青年幼儿教师的建议	吴邵萍 著	40.00
8470	答新手幼儿教师120问	刘洪霞 主编	28.00
1798	幼儿园新手教师指导手册	王芳 等 著	48.00
1783	从新手到骨干——幼儿教师专业成长故事	尹坚勤 编著	42.00
1780	幼儿教师追求幸福的方法	余胜兰 著	42.00

……
欲了解更多图书信息，请登录：www.wqedu.com
联系地址：北京市西城区三里河路6号院2号楼213室　万千教育
咨询电话：010-65181109，65262933

*本目录定价如有错误或变动，以实际出书为准。